그때,
맥주가 있었다

역사를 빚은 유럽 맥주 이야기

그때,
맥주가 있었다

미카 리싸넨·유하 타흐바나이넨 지음
이상원·장혜경 옮김

니케북스

이 책에 소개한 18개국 24종 맥주의 생산지.

차례

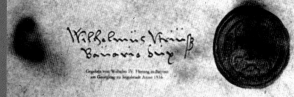

Wie das Pier summer vñ winter auf dem
Land sol geschenckt vnd prauen werden

Item Wir ordnen/setzen/vnnd wöllen/ mit Rathe vnnser
Lanndeschafft/ das füran allennthalben in dem Fürsten-
thúmb Bayrn/auff dem lande/ auch in vnsern Stettñ vñ
Märckthen/da deßhalb hieuor kain sonndere ordnung ist/
von Michaelis biß auff Georij/ ain maß oder kopffpiers
über ainen pfenning Müncher werung/ vñ von sant Jor-
gen tag/biß auff Michaelis/ die maß über zwen pfenning
derselben werung/ vnd der enden der kopff ist/ über drey
haller/bey nachgesetzter Pene/nicht gegeben noch außge-
schenckht sol werden.   Wo auch ainer nit Mertzñ/ sonder
annder Pier prawen/oder sonst haben würde/sol Er doch
das/kains wegs höher/dann die maß vmb ainen pfenning
schencken/vnd verkauffen. Wir wöllen auch sonderlichen/
das füran allenthalben in vnsern Stettñ/Märckthen/vñ
auff dem Lannde/zú kainem Pier/merer stückh/ dañ al-
lain Gersten/Hopffen/vñ wasser/genomen vñ geprauche
sölle werdñ. Welher aber dise vnsere Ordnung wissendlich
überfaren vnnd nit hallten wurde/ dem sol von seiner ge-
richtzöbrigkait/ dasselbig vas Pier/zúsft aff vnnachläß-
lich/ so offt es geschiche/ genommen werden . Jedoch wo
ain Gúwirt von ainem Pierprewen in vnnsern Stettñ/
Märckten/oder aufm lande/yezúzeitñ ainen Emer piers/
zwen oder drey/kauffen/ vnd wider wintter den gemayn-
nen Pawrsuolck außschencken würde/dem selben allain/
aber sonnst nyemandes/sol dye maß/ oder der kopffpiers/
vmb ainen haller höher dann oben gesetzt ist/ze geben/ vñ/
außzeschencken erlaube vnnd vnuerpotñ.

Wilhelmus Vrius
Bauarie dux

Gegeben von Wilhelm IV. Herzog in Bayern
am Georgitag zu Ingolstadt Anno 1516.

독일의 '맥주 순수령'

들어가는 글

....

유럽인은 맥주를 정말 좋아한다. 그러다 보니 유럽 국가들은 예부터 맥주에 부과하는 세금을 당연하게 여겼다. 나아가 맥주 제조공정을 법으로 규제하기까지 했다. 대표적인 예가 1516년 4월 23일 바이에른의 잉골슈타트시에서 반포한 '맥주 순수령'이다. 이후에도 여러 차례 재선포된 이 법령은 맥주를 만들 때 맥아[*], 물, 홉 이외의 재료를 쓰지 못하도록 못 박았다. 그런데 이 법령도 알고보면 유구한 전통의 결과물이다. 맥주의 역사는 유럽의 국경 저 너머로 뻗어 나가기 때문이다.

인류는 발아한 보리가 달콤한 맛을 내며 발효가 잘 된다는 사실을 일찍부터 알았다. 맥주의 역사는 경작의 역사만큼이나 오래되었다.

---

* 보리에 물을 부어 싹이 트게해서 말린 것으로, '엿기름'이라고도 한다. 녹말을 당분으로 바꾸는 효소를 함유하고 있으며, 식혜나 엿을 만드는 데에 쓰인다.

이란고원에서 석기시대의 토기가 발견되었는데, 현대식 측정법으로 분석한 결과, 발아 곡물과 발효 곡물을 저장했던 용기로 밝혀졌다. 물론 처음에는 곡물을 담은 용기에 습기가 차면서 의도치 않게 싹이 나고 발효되었겠지만, 인류는 곧 발효의 결과가 유익함을 깨닫고 이를 적극적으로 활용했다. 다시 말해, 지금껏 발굴된 대부분의 용기는 인류가 술을 빚겠다는 의지를 품고 고심해서 만든 맥주를 보관하는 용도였지, 우연히 발효된 맥아죽을 담는 용도가 아니었다는 점에 고고학자들의 의견이 일치하는 것이다.

더 나아가 곡물을 맥아로 만들고, 이를 이용해 맥주를 빚는 기술은 인류에게 효모를 이용하는 방법을 가르쳐주었고, 그 덕분에 빵을 구울 수 있게 되었다고 주장하는 이들도 있다. 이 주장이 옳다면 맥주는 빵보다도 역사가 깊은 식품이다.

수메르인은 기원전 4000년부터 맥주를 마셨다는 기록이 있다. 맥아와 깨끗한 물로 맥주를 빚는 최초의 제조법 역시 기원전 4000년에 시작됐다. 메소포타미아의 농부들은 정교한 관개 시설을 갖춘 비옥한 들판을 경작하며 대량의 맥주를 빚고 소비했다. 그리고 일찍부터 맥주를 중요한 교역 상품으로 삼았다. 맥주 판매에 관해 지금까지 알려진 가장 오래된 규정도, 이런저런 거사에서 맥주가 큰 역할을 했다는 기록도 모두 메소포타미아에서 발견되었다.

기원전 18세기에 나온 함무라비법전 108조에는 술집 주인이 맥줏값으로 곡물 대신 더 많은 무게의 은을 받거나 곡물 가치에 비해 적은 양의 맥주를 빚으면 잡아가 물에 던진다고 적혀 있다. 포도주를 마시는 곳에 시와 철학이 있었다면, 맥주를 권하고 마시는 곳에는 거사가 함께했다. 그래서 함무라비법전의 그다음 조항인 109조에는 자기 술집에 모여 음모를 꾸민 반역자들을 체포해 궁으로 데려가지 않은 술집 주인은 똑같이 사형에 처한다고 되어 있다.

파라오 치세의 이집트는 포도가 많이 나는 지역이어서 맥주를 그저 술꾼들이나 마시는 술로 취급했다. 맥주를 마신 술꾼들이 거리에서 소란을 피우고 뒷골목에 구토를 해서 악취가 심하다는 불평불만을 많은 파피루스 문서에서 발견할 수 있다.

이집트에서 그리스로 문명이 전해지면서 그리스인 역시 맥주를 너무나 야만적인 술이라며 천대했다. 이탈리아의 따사로운 햇살 아래 풍성하게 포도가 영글었던 로마에서도 맥주는 찬밥 신세였다. 로마에서 보리는 가축의 사료로나 쓰는 곡물이었기에, 그것으로 빚은 술이라는 사실만으로도 맥주는 마뜩잖은 시선을 받았다. 로마군단에서는 명령을 어기거나 맡은 임무를 제대로 수행하지 못한 군인에게 벌로 밀 대신 보리를 배급했다. 보리로 빚은 맥주를 즐겨 마신 갈리아인과 훗날의 게르만인도 당연히 로마인에게 야만인 취급을 받았다.

1세기에 로마의 역사가 타키투스는 저서 《게르마니아Germania》에 게르만인은 전쟁과 평화, 부족 구성원의 사형 같은 중대 사안을 결정할 때 맥주를 많이 마시고, 이튿날 다시 모여 결정 사항에 대해 한 번 더 의논한다고 적었다. 다시 의논해도 그 결정이 옳다고 판단되면 그때 실행에 옮겼다고 한다. 맥주가 '약간 상한 보리즙quodammodo corruptum'이라는 타키투스의 추가 설명은 오랫동안 남부 유럽 문화권을 지배했던, '맥주는 품위 없는 술'이라는 견해의 기틀을 다졌다.

로마제국이 붕괴한 후 민족 대이동이 시작되고 기아가 닥치면서 식음食飲 문화는 주린 배를 채우는 데 급급한 수준으로 전락했다. 중세 초기 로마 가톨릭교회는 로마제국의 전통을 대부분 계승했다. 따라서 맥주가 야만적이고 천박한 술이라는 생각 역시 수백 년 동안 그대로 이어졌다.

유럽을 포도주 지역과 맥주 지역으로 구분하는 관행은 이렇듯 먼 과거로 거슬러 올라가며, 오늘날까지도 상당 부분 남아 있다. 옛 로마제국의 중심부에서는 지금도 포도주를 주로 마시지만, 카이사르와 타키투스가 '맥주 마시는 사람들'이라고 불렀던 영국인, 벨기에인, 독일인, 바이킹족은 여전히 맥주를 즐겨 마신다.

지금도 맥주에는 '취하려고 마시는 대량 생산 제품'이라는 낙인이 찍혀 있다. 그러나 그렇게 생각하는 사람들은 맥주의 다양성을 모른 채 '맥주' 하면 무조건 마트에서 상자째 사서 자동차 트렁크로 끌고 가는 싸구려 라이트 라거 맥주만 떠올린다.

하지만 맥주의 세상은 그보다 훨씬 다채롭다. 우리는 이 책을 통해 맥주가 역사의 흐름을 좌우했던 다양한 시대의 일화를 들려주려 한다. 나아가 유럽 식문화와 관습의 중요한 요인으로서, 영감의 원천으로서, 민족의 우호 관계를 다진 기반으로서 맥주가 맡았던 중요한 역할들을 조명할 것이다.

또한, 다양한 시대의 문화와 이념, 사회 변혁과 경제 활동이 맥주와 어떤 관련이 있었는지도 살펴보려한다. 중세 초기에서 21세기에 이르기까지 유럽 여러 지역에서 일어났던 다양한 사건도 들여다볼 것이다. 각 장의 끝에는 그 사건들이 어떤 상표의 맥주와 관련 있었는지도 자세히 소개했다. 이들 맥주 대부분이 세계 어디서나 구할 수 있는 제품들이므로 우리 독자들도 유럽 맥주의 역사를 미각과 후각으로 직접 느껴 볼 수 있을 것이다.

이제 여러분을 즐거운 맥주 여행에 초대하려한다. 다 같이 잔을 들어 건배!

2014년 4월 21일
발티모의 맥줏집 '세이스카'에서 저자 일동

일러두기

·········

   이 책의 각 장 끝부분에는 그 장에서 다룬 사건과 관련된 맥주의 배경 정보와 특징이 간략히 설명되어 있다. 맥주의 특징을 나타내는 용어들을 설명하면 다음과 같다.

* 알코올 함량: 알코올이 얼마나 함유되어 있는지를 %로 보여준다.
* 비중: 맥아를 으깬 맥아즙에서 용해 설탕이 차지하는 비율이다. 맥아즙 속 설탕은 효모를 첨가하면 알코올로 바뀐다. 따라서 비중이 높으면 알코올 함량이 높아진다. 비중은 °P 플라토 라는 단위로 나타내는데 10°P는 맥아즙의 10%가 설탕이라는 뜻이다.
* 쓴맛: 맥주 속 홉의 쓴맛은 EBU European Bitterness Units 단위로 표시한다. 수치가 높을수록 홉 맛이 더 강하고 쓰다는 뜻이다.
* 색상: 맥주의 색깔은 EBC European Brewing Convention 단위로 나타낸다. 수치가 높을수록 검은색에 가깝다.

다음 표는 유럽의 대표적 맥주 네 종류를 항목별로 정리한 것이다.

	스텔라 아르투아 (Stella Artois) 루뱅(벨기에)	벨코포포빅키 코젤 다크 (Velkopopovický Kozel Černý) 벨케 포포비체 (체코)	뉴캐슬 브라운 에일 (Newcastle Brown Ale) 뉴캐슬(영국)	머피 아이리시 스타우트 (Murphy's Irish Stout) 코크(아일랜드)
유형	라거 (lager)	다크 라거 (dark larger)	에일 (ale)	스타우트 (stout)
알코올 함량	5.0%	3.8%	4.5%	4.0%
비중	11.3°P	9.6°P	10.6°P	9.6°P
쓴맛	12.6 EBU	11.3 EBU	17 EBU	32 EBU
색상	6.8 EBC	72.5 EBC	49 EBC	120 EBC

본문에서는 쓴맛과 색상을 조금 더 쉽게 구분할 수 있도록 수치 옆에 시각 기호를 표시했다.

쓴맛		색상	
0~10 EBU	●	0~20 EBC	●
11~20 EBU	●●	21~30 EBC	●
21~30 EBU	●●●	31~60 EBC	●
31~40 EBU	●●●●	61 EBC 이상	●
41 EBU 이상	●●●●+		

술 창고에서 맥주를 맛보는 수도사. 13세기 필사본의 삽화.

1
맥주와 교회의
동맹

....

성서는 보리를 많이 재배하지 않는 지역에서 편찬되었다. 이 사실은 성서의 내용에도 반영되었다. 예수는 가나의 혼인 잔치에서 물을 맥주로 바꾸지 않았다. 최후의 만찬에도 맥주잔은 등장하지 않는다. 초기 기독교인들은 성서를 본받아 포도주를 마셨다.

유대-기독교 신앙이 전해지기 전부터도 남부 유럽 사람들은 맥주를 멀리했다. 유럽에서 맥주를 마셨다는 가장 오래된 기록은 기원전 7세기 그리스 시인 아르킬로코스Archilochos: BC 675?~635?가 '보리 술'을 마시는 트라키아 사람들에 관해 쓴 내용이다. 거만했던 그리스인은 식음문화를 포함한 다른 민족의 풍습을 무시했다. 그런 그리스 인들이 포도주를 디오니소스 신이 인류에게 내린 선물이라 여겼으니, 그리스 문헌을 아무리 뒤져도 야만인의 술 맥주에 관한 긍정적 표현은 찾기 어려울 수밖에 없다.

맥주가 맛도 없고 건강에도 해롭다는 그리스인의 편견은 그대로 로마로 전해졌으며, 나아가 중동에서부터 영국에 이르는 로마 정복지에서도 널리 퍼졌다. 하지만 로마제국의 북쪽 국경 지역에서는 맥주 문화와 포도주 문화의 명확한 경계가 없었다. 갈리아오늘날의 프랑스와 벨기에, 이스파니아에스파냐와 포르투갈, 영국 등 로마 정복지에는 맥주를 마시는 켈트족의 전통이 여전히 남아 있었다. 물론 상류층은 주로 포도주를 마셨다. 그러나 이 지역들이 점차 로마에 동화되면서 맥주 양조량도 차츰 줄어들었다.

이러한 추세는 4세기에 로마제국이 기독교를 국교로 삼으면서 한층 심화되었다. 포도주는 유대-기독교 전통과 그리스-로마 전통 양쪽 모두의 지지를 받았다. 5세기 알렉산드리아의 성 키릴로스Kyrillos: 375?~444?는 맥주를 가리켜 '불치병을 유발하는 이집트인의 차고 탁한 음료'라고 폄하했다. 반면에 시편詩篇은 사람의 마음을 기쁘게 하는 포도주를 칭송했다. 덧붙이자면, 성 키릴로스는 알렉산드리아에서 유대인을 몰아냈고, 여성 철학자 히파티아의 죽음을 사주했으며, 알렉산드리아 도서관 일부를 파괴한 인물이다. 그러니 이 주교의 판단력이 어땠을지는 모두가 짐작할 수 있을 것이다.

4~5세기의 민족 대이동으로 게르만족이 떼를 지어 라인강과 도나우강을 건넜다. 이들은 서둘러 기독교로 개종했고 새 정착지의 풍습을 받아들였다. 다만 예부터 맥주로 갈증을 달래던 풍습은 완전히 버리지 않았다. 물론 지배 계급과 신학자들은 포도주가 자신들의 품위에 더 어울린다고 생각했다. 그래서 게르만족이 정착한 중부 유럽에서는 지배 계급과 평민의 술 문화가 달랐다. 포도가 자라지 않는 지

역의 귀족들은 남쪽에서 수입해서까지 포도주를 마셨다. 반면 맥주는 유럽 내륙에서 점차 하급 주류로 격하되었다.

카이사르 시대부터 로마군단은 무시로 갈리아 지방에서 해협을 건너 브리타니아로 원정을 감행했다. 결국, 43년에 브리타니아의 남부와 중부가 로마제국의 손에 들어왔다. 로마인들이 이처럼 브리타니아 정복에 열을 올린 이유는 무엇보다도 탐나는 금속 광산 때문이었는데, 막상 뚜껑을 열고보니 기대에는 못 미쳤다. 로마군이 스코틀랜드 고원까지 진출했지만, 이웃의 아일랜드는 침략받지 않아 무사했다.

아일랜드의 켈트족은 5세기까지도 자기들의 외딴 섬에서 평화롭게 살았다. 그런데 브리타니아에서 태어난 성 패트릭Patrick: 385?~461이 기독교를 전파하고자 그 섬으로 들어갔다. 성 패트릭의 취향에 대해서는 알려진 것이 없지만, 그의 제자들은 맥주를 즐기는 아일랜드의 전통을 섬에 갓 들어온 기독교의 교리와 무리 없이 결합시켰다. 성 도너드Donard: ?~507는 해마다 봄이면 맥주를 빚어 부활절 다음 화요일에 마게라 지역의 신도들에게 대접했다. 아일랜드의 수호성인 중 한 사람인 킬데어의 성녀 브리지다Brigida: 451~525는 맥주의 명성을 높이는 데 더욱 이바지했다. 전설은 그녀의 착한 마음씨를 칭송한다. 어느 목마른 여행자가 킬데어에 도착했는데 마실 것이 없자 브리지다가 목욕물을 맥주로 바꾸어 주었다. 또 성녀가 어느 교구에 보낸 맥주 한 통이 가는 길에 자꾸만 불어나 교회 열여덟 곳에서 충분히 마셨다. 그러나 그 무엇보다 성녀의 착한 마음씨를 보여 주는 가장 확실한 증거는 그녀의 기도문이다. 성녀는 이렇게 기도했다고 한다. "왕 중의 왕께 크나큰 맥주의 호수를 바치오니 천상의 가족이 그 맥주를 영원히 마실 수 있기를 바라옵나이다."

기독교는 신속하게 아일랜드에 뿌리내렸다. 성 패트릭 이후 불과 몇 세대 만에 아일랜드는 유럽에서 기독교 선교사를 가장 많이 파견하는 나라 중 한 곳이 되었다. 선교사들은 외진 브리타니아의 섬으로, 유럽 대륙으로 믿음을 전했다. 더불어 신앙과 맥주가 얼마든지 공존할 수 있다는 아일랜드 특유의 사고방식도 널리 전파했다.

성 콜룸바누스Columbanus는 540년경 동부 아일랜드에서 태어났다. 조국의 여러 수도원에서 수도 생활을 한 그는 49세에 선교 활동차 유럽 대륙으로 떠났다. 프랑크족이 다스리는 갈리아 지방에 도착했을 때, 성 콜룸바누스는 그곳의 종교 상황에 큰 충격을 받았다. 그는 부르군트의 궁정에서부터 백성에 이르기까지 교리의 순수함을 회복시켜야겠다고 마음먹었다.

그가 설립한 안느그레수도원의 규칙은 중세 초기 알프스 북부의 수많은 수도원이 모범으로 삼았을 정도로 엄격했다. 그러나 맥주에 관해서만은 예외였다. 그의 조국 아일랜드에도 음주 행위를 일절 금하는 수도원들이 있었지만, 성 콜룸바누스는 그런 금지령의 추종자가 아니었다. 금욕적인 수도 생활은 장려하되, 맥주의 가치만은 높이 샀다. 맥주를 귀하게 여긴 성 콜룸바누스는 맥주를 쏟는 실수조차 용납하지 않았다. 그래서 안느그레수도원의 규칙 중에는 맥주를 쏟은

1880년경 출간된《교회의 역사》에 삽입된 판화로, 기적을 일으키는 성 콜롬바누스를 묘사했다.

수도사에게 내리는 벌까지 구체적으로 정해져 있었다. 맥주를 쏟은 덜렁이 수도사는 쏟은 양 만큼 맥주 대신 물을 마셔야 한다고 말이다.

성 콜롬바누스가 수도원 생활을 하며 맥주를 얼마나 귀하게 여겼는지는 성인의 그 많은 전설에서 풍겨나오는 맥아 향기만으로도 충분히 짐작할 수 있다.

저녁식사 시간이 되자 하인이 맥주를 가지러 지하 창고로 내려갔다. 술통 마개를 뽑고 주전자에 맥주를 따르려는 찰나 성 콜롬바누스가 그를 불렀다. 하인은 급한 마음에 한 손에는 주전자를, 다른 손에는 술통 마개를 들고서 부랴부랴 위층으로 달려갔다. 그런데 식탁에 앉은 수도사 하나가 마개를 보고 어떻게 된 일이냐고 물었다. 하인은 그만 화들짝 놀랐다. 깜빡 잊고 술통을 막지 않고 달려온 것이다. 그가 걱정하며 다시 지하로 내려갔더니 그곳에 기적이 기다리고 있었다. 맥주는 한 방울도 흐르지 않았고 술통은 여전히 찰랑찰랑하게 차 있었다. 안도의 한숨을 내쉰 하인은 신께 감사를 올렸다. 수도사들도 기뻐하며 이 사건은 수도원의 충직한 하인이 벌 받기를 원치 않으시는 신의 은총이라고 생각했다. 또 이들은 성 콜룸바누스에게도 영광을 돌렸고 신의 섭리를 더욱 확신하면서 흥겨운 분위기로 식사를 마쳤다.

성 콜룸바누스의 명성은 여전했고, 그는 부르군트에 여러 개의 수도원을 세웠다. 보비오의 요나스가 쓴 성 콜룸바누스의 전기를 보면 퐁텐느 수도원에서도 맥주와 관련해 또 한 번의 기적이 일어난다.

성 콜룸바누스가 퐁텐느 수도원에 갔더니 수도사 예순 명이 들일을 하고 있었다. 이들이 고된 일을 마치고 들어오자 성 콜룸바누스는 "주여, 우리 형제들께 풍성한 음식을 내리소서" 하고 축원했다. 옆에서 이 말을 들은 하인이 먹을 것이라고는 빵 두 덩어리와 맥주 조금뿐이라고 하소연했다. 그러자 성 콜룸바누스가 "나에게 가져 오너라" 하고 말했고, 하인이 빵과 맥주를 가져다주자 그는 고개를 들어 하늘을 보며 기도했다. "빵 다섯 덩어리로 5천 명을 먹이신 구원자 예수 그리스도여, 이 빵과 이 맥주도 그렇게 풍성하게 만들어 주소서!" 그러자 기적이 일어났다. 모두가 배불리 먹고 원하는 만큼 마셨는데도 빵과 맥주가 원래 있던 양의 두 배나 남아 있었다.

그러나 그가 모든 맥주를 허락한 것은 아니었다. 611년 브리간티아 오늘날 오스트리아의 브레겐츠를 여행하던 성 콜룸바누스는 그 도시의 주민들이 이교도의 신 '보단'에게 바치려고 어마어마하게 큰 맥주통을 마련했다는 소식을 들었다. 그는 곧장 맥주통을 세워둔 광장으로 달려가 입으로 힘껏 바람을 불었다. 그러자 그 큰 통이 산산이 조각나면서 맥주가 바닥으로 쏟아졌다. 주민들은 이 사건에 감명받아 한꺼번에 기독교로 개종했다고 한다. 맥주가 누구의 이름으로 축복받아야 할지 비로소 깨달은 것이다.

아일랜드에서 부르군트까지 성 콜룸바누스를 수행한 수도사 성 갈루스Gallus: 550?~646?역시 맥주의 역사에 발자취를 남겼다. 성 갈루스는 성 콜룸바누스가 브리간티아로 갈 때도 동행했는데, 도중에 병이 나서 요양차 오늘날의 스위스 북부에 머물렀다가 그곳이 무척 마음에 들어서 그대로 정착했다. 그가 세상을 떠난 후 그를 기념하는 예배당이 세워졌고, 훗날 커져서 성 갈렌수도원이 되었다. 세월이 흐르면서 수도사들이 몰려들자 수도원은 재산도 늘었고 규모도 커졌다. 820년에 그린 그 유명한 성 갈렌수도원 설계도는 중세 초기와 중기 유럽 수도원 건축의 모델이 되었다.

성 갈렌수도원은 아일랜드 전통을 따랐으며, 당연히 맥주 양조에도 큰 공을 들였다. 수도원의 설계도를 보면 곡물 창고, 곡물 건조장, 방앗간, 맥아용 곡물 창고와 일반 곡물 창고는 물론 양조장까지 세밀하게 그려져 있다. 양조한 맥주는 지하실에 저장했다.

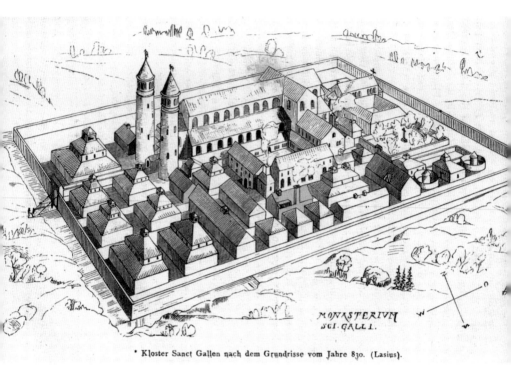

* Kloster Sanct Gallen nach dem Grundrisse vom Jahre 830. (Lasius).

성 갈렌수도원 조감도. 별도 표시한 건물이 양조장이다. 요한 루돌프 안의 1876년 작.

　양조장은 무려 세 곳이나 되었는데, 많은 수도원이 성 갈렌수도원
을 따라 세 군데씩 양조장을 만들었다. 제일 큰 양조장에서는 수도원
에서 자체적으로 소비할 맥주를 만들었고, 두 번째 양조장에서는 귀
한 손님에게 대접할 맥주를, 세 번째 양조장에서는 순례자나 거지들
에게 나누어 줄 맥주를 빚었다. 세 양조장에서 만든 맥주가 어떻게
다른지는 정확히 밝혀지지 않았다. 다만 설계도에 여과실이 따로 있
는 곳은 첫 번째 양조장뿐이다. 제일 좋은 맥주를 수도사들의 몫으로

할당했던 것 같다. 816년 8월에 열린 아헨공의회에서도 수도사 한 명당 매일 '품질 좋은' 맥주 1섹스타리우스*를 지급하라고 확정했다.

수도원의 맥주 양조 전통은 그 후로도 오래 유지되었고 결실도 풍요로웠다. 중세 내내 수도사가 되겠다는 예비 수도사가 끊이지 않았으니 말이다. 무엇보다 수도원의 형편이 수도원 담장 너머보다 나았던 이유도 크게 작용했다. 일부 수도사들이 맥주 양조를 전담하면서 수도사가 유망한 직업군으로 부상했다. 그 결과, 양조 기술이 축적되었고 수도원 맥주의 품질이 향상되었다. 특히 9세기 초에 이르러 대서양 연안에서 독일까지 세력을 확장한 프랑크왕국에 수도원 양조장이 많았다. 성 갈렌수도원을 모델로 삼은 양조장은 바다 건너 영국까지 수출되었다. 그러나 아일랜드의 수도원에는 나름의 양조 전통이 있었으므로 유럽 내륙의 모델을 수입할 필요가 없었다.

중세 후기가 되자 정치 상황이 안정되면서 상업적 양조장이 탄생할 수 있는 조건이 마련되었다. 수도원 양조장의 수는 차츰 줄어들었다. 특히 19세기와 20세기를 거치면서 많은 수도원 양조장이 문을 닫았다. 상업적 양조장들이 대량 생산에 돌입해 예전보다 큰 수익을 올리면서 수도원 양조장들은 맥주 생산량을 줄이고 점차 본연의 임무에 집중했다. 수도원이란 원래 기도를 올리고 정신을 수양하는 곳이니 말이다.

---

* 로마의 도량형으로, 액체의 부피를 나타내는 단위. 1섹스타리우스는 약 0.55리터다.

수도원 양조장이 문을 닫지 않고 유지하는 방법은 두 가지가 있었다. 하나는 수도원 내부에서 소비할 맥주만 양조하는 소규모 생산이었고, 다른 하나는 현대식 사업체로 거듭나는 상업적 생산이었다. 수도원 맥주는 이미지가 좋아서 마케팅에 유리했다. 이 때문에 일부 양조장들이 문을 닫았거나 존재하지도 않은 수도원의 이름을 붙인 맥주를 시장에 내놓는 일도 벌어졌다. 하지만 거짓은 오래가지 못하는 법, 그런 사기꾼들은 결국 시장에서 도태되었다.

현재 수도원 맥주가 특히 유명한 나라는 벨기에다. 벨기에는 다른 어느 나라보다도 수도원 명칭을 사용하는 데 엄격하다. 최고 정통으로 꼽히는 제품은 트라피스트회 소속 수도원 여섯 곳의 수도사들이 직접 수도원 안에서 양조하는 맥주들이다. 수도원 양조장과 상업적 양조장이 협력해 생산하는 수도원 맥주의 수는 그보다 많다. 벨기에에서는 약 스무 곳의 양조장이 수도원과 협력해 맥주를 생산하는데, 이들 제품 역시 수도원 맥주로 분류한다.

맥주의 성인들

'맥주의 왕' 감브리누스Gambrinus는 가톨릭교회가 공식적으로 인정하는 성인은 아니지만, 유럽 전역에서 맥주 문화의 수호성인으로 불린다. 즉, 술을 마시는 사람들은 물론이고 양조장의 수호성인이기도 하다. 여러 전설에 따르면 그는 이집트 여신 이시스에게서 맥주 양조법을 배웠고, 홉 이용법을 개발했으며, 맥주의 힘을 빌려 수많은 전투에서 승리를 거두었다고 한다. 그러나 이 전설들의 신빙성은 그리 높지 않다. 따라서 감브리누스라는 이름은 켈트식 라틴어 '캄바리우스cambarius: 양조인'나 라틴어 '가네아에 비리누스ganeae birrinus: 술집에서 술 마시는 사람'에서 왔을 수도 있지만, 그보다는 요한 1세를 칭하는 네덜란드식 라틴어 '얀 프리뮈스Jan Primusn'에서 왔을 가능성이 조금 더 높다. 그리고 그 이름의 주인공은 브라반트의 공작 요한 1세1252~1294가 아니면 부르군트의 공작 '용맹공' 장 1세1371~1419일 것이다.

그런데 이런 식으로 나가면 맥주가 너무 세속적으로 보일까 걱정되니 일단 맥주와 관련 있는 수호성인을 위해 건배를 들자. 성인의 수는 많지만, 여기서는 가장 유명한 분들만 모셔보기로 한다.

성인 이름	출신	수호 대상	기념일
아만두스(Amandus)	마스트리흐트 주교 (584?~675?)	양조인, 술집 주인	2월 6일
아놀드(Arnold)	수아송 주교 (1040?~1087?)	홉 수확인, 벨기에 양조인	6월 8일, 8월 14일

성인 이름	출신	수호 대상	기념일
아르눌프(Arnulf)	메스 주교 (582?~640?)	양조인	7월 18일
보니파스(Boniface)	선교사 (?~754)	독일 양조인	6월 5일
브리지다 (Brigidae)	아일랜드 수녀원장 (451~525)	양조인	2월 1일
콜룸바누스(Colum-banus)	선교사 (540?~615?)	벨기에 양조인	11월 23일
도로테아(Dorothea)	순교자 (?~311)	양조인	2월 6일
감브리누스(Gambrinus)	얀 1세(1252~1294) 혹은 용맹공 장 1세 (1371~1419)	양조인	4월 11일
힐데가르트 폰 빙엔 (Bingen, Hildegard von)	독일 수녀원장 (1098~1179)	홉 재배인	9월 17일
마르탱(Martin)	투르 주교 (317?~397?)	술집 주인, 사교적 음주	11월 11일
우르반(Urban)	랑그르 주교 (327?~390?)	맥주통 제조인	4월 2일
바츨라프(Václav)	보헤미아 대공 (907?~935?)	체코 양조인	11월 28일

생푀이엥트리플

St-Feuillien Triple 르뢰(벨기에)

유형	에일	
알코올 함량	8.5%	
비중	18.5°P	
쓴맛	22EBU	
색상	12EBC	

성자 푀이엥Feuillien은 중세 초기에 중부 유럽으로 복음을 전하러 간 아일랜드 수도사 중 한 명이다. 655년 일행과 함께 수아뉴 숲에서 도적을 만나 순교했다. 그 유해는 지금의 벨기에 도시 르뢰에 매장되었는데, 훗날 그곳에 그의 이름을 딴 생푀이엥수도원이 설립되었다. 수도원의 역사는 18세기 말 프랑스 혁명의 격동 속에서 막을 내렸지만, 그곳의 양조장은 이후에도 계속 맥주를 만들었다. 1873년부터는 프리아르Friart 가문이 맡아 벌써 4대째 운영하고 있다.

맥주는 발효 과정에서 효모가 위로 떠오르는지, 아래로 가라앉는지에 따라 '상면上面발효' 맥주와 '하면下面발효' 맥주로 나눌 수 있다. 이 중 상면발효 방식으로 만든 맥주를 에일ale이라 하며, 짙은 향과 쓴맛이 특징이다. '생푀이엥트리플'은 담황색을 띠는 수도원 에일로, 거품의 밀도가 높다. 병에서 2차 발효를 거치며 숙성되어 향과 맛이 강하고, 묵직한 풀 바디 질감을 느낄 수 있다. 강한 과일 향이 알코올 맛을 가려 준다. 2009년 세계맥주대상World Beer Awards의 수도원 에일 부문에서 수상했다.

브뤼셀의 오줌싸개 동상은 수 세기 동안 물줄기를 뿜어냈다. 야코뷔스 하레윈의 18세기 초기 목판화.

2
오줌싸개 동상이
내뿜는 것은?

....

벨기에 브뤼셀의 에튀브 거리와 쉔 거리가 만나는 곳에 이 도시의 유명한 관광 명소인 오줌싸개 동상이 있다. 동상은 14세기부터 이곳에 터를 잡았지만, 지금과 비슷한 모습의 청동상이 세워진 것은 1619년이다.

전설에 따르면 오줌싸개 동상이 뿜어내는 물줄기가 사실은 이 지역 특산품 램빅lambic* 맥주라고 한다.

동상의 높이는 겨우 61센티미터로, 공식적인 기념물치고는 너무 작다. 아이가 제 발로 서 있는 것으로 보아 두 돌은 지났을 텐데, 그렇다면 실제 사람의 키와도 맞지 않는다. 살짝 뒤로 젖힌 자세는 편안하면서도 안정적이다. 통통한 뺨과 다리에서는 어린아이 특유의 토

---

* 에일 맥주의 한 종류로, 벨기에 브뤼셀에서 주로 양조한다. 맥아 60퍼센트, 밀 40퍼센트 비율로 빚고, 야생 효모를 이용해 자연 발효한 다음, 그대로 저장해 2~3년 정도 후숙한다.

오늘날 마네켄피스는 주요 행사 때마다 옷을 갈아입는 것으로 유명하다. 600여 벌의 옷이 있다고 한다.

실토실한 몸매가 그대로 드러난다.

　동상 이름 '마네켄피스Manneken-Pis'는 브뤼셀 인근에서 사용하는 플랑드르 방언으로 '오줌 싸는 소년'이라는 뜻이다. 14세기에 처음 제작한 작품은 석상이었지만, 1619년에 제롬 뒤케누아가 만든 청동상으로 바뀌었다. 그러나 그 청동상 원본은 여러 번 도난당했다가 되찾기를 거듭한 후, 지금은 브뤼셀 그랑플라스에 있는 시립미술관에 보관하고 있다. 현재 관광객들의 기념사진용으로 세워 둔 동상은 1965년에 만든 복제품이다.

중세의 저지대' 국가는 여러 나라로 갈가리 찢겨 있었다. 공식적으로는 영토 대부분이 신성로마제국의 땅이었지만, 실제로는 수많은 백작과 공작들이 자기 영지를 독자적으로 다스렸다. 12세기에 신성로마제국에서 가장 큰 영지는 지금의 벨기에 중부부터 네덜란드 남부까지 뻗어 있던 브라반트공국이었다. 브라반트의 행정중심도시는 브뤼셀과 루뱅이었는데, 이에 대해 북부의 상업 도시들이 자주 반발했다. 앤트워프와 브레다의 시민들은 자신이 낸 세금이 브뤼셀로 흘러 들어가는 것에 분노했고, 지역 귀족들은 이런 반란의 분위기에 불을 지폈다.

1141년 어수선한 정세 속에서 브라반트공국의 왕위 계승자 고드프리 3세Godfrey III: 1141~1190가 태어났다. 훗날 수도원 맥주로 명성을 떨친 그림버겐시에서는 이미 2년 전부터 폭동이 빈발했다. 이듬해인 1142년 아버지 고드프리 2세가 갑작스럽게 세상을 뜨자 어린 고드프리 3세가 '루뱅의 백작, 브라반트의 영주, 앤트워프의 후작 및 로렌의 공작'이라는 거창한 칭호와 함께 분열된 나라를 물려받았다. 그러자 그림버겐시를 다스리던 베르투트 가문이 대놓고 반란을 일으켰고, 그 뒤를 따라 북부의 다른 귀족 가문들도 칼을 뽑아 들었다. 브라반트공국을 무너뜨릴 절호의 기회가 온 것이다.

어린 고드프리는 아무것도 몰랐으니 행복했을 것이다. 1142년 북

---

* 스헬더강, 라인강, 뫼즈강의 낮은 삼각주 지대 주변 지역을 일컫는 말. 오늘날의 벨기에, 네덜란드, 룩셈부르크 그리고 프랑스 북부 지역 일부와 독일 서부 지역 일부가 저지대에 속한다.

부의 반란군이 브뤼셀을 향해 진군하자 고드프리의 어머니 루트가 르드 공작부인은 이웃의 백작령 플랑드르에 도움을 청했다. 플랑드르의 지배자, 디트리히 폰 알자스는 공작부인의 청을 받들어 브뤼셀로 군사를 파견했다. 그런데 파견군의 지휘관 가스벡이 공작부인에게 뜻밖의 청을 넣었다.

"승리를 바라신다면 아드님을 전장에 내보내십시오. 우리 군사들의 청입니다."

거절할 명목이 없었다. 그녀는 브뤼셀에 남았지만, 걸음마를 배운 지 몇 달밖에 안 된 어린 고드프리는 공식적인 사령관 자격으로 반란군을 진압하러 출정했다. 유모 바르바라가 곁에서 고드프리를 보필했다.

중세시대의 유복한 가문에서는 아기가 태어나면 보통 유모를 들여 1년 6개월에서 2년까지 아이를 맡겼다. 귀족 부인들은 육체노동을 하지 않았는데, 수유 역시 육체노동으로 보았기 때문이다. 더구나 유모를 고용하는 것은 신분을 상징하는 일이었다. 유모의 임금이 과도하게 높지는 않았지만, 그래도 진짜 부자가 아니면 그런 지출을 감당할 수 없었기 때문이다. 또 흔히 젖을 먹이면 임신이 안 된다고 생각했으므로 빨리 동생을 보고 싶은 경우 엄마가 아닌 다른 사람에게 수유를 맡길 수밖에 없었다. 그러나 실제로 유모는 수유 말고도 육아 대부분을 대신했다.

브라반트 공국 군대는 북쪽으로 10여 킬로미터를 진군한 끝에 그림버겐시 근방의 란스빅에서 반란군과 만났다. 부대가 대열을 정비하는 사이에 고드프리는 젖을 먹었다. 유모 바르바라는 젖의 양을 불리기 위해 일정한 시간 간격을 두고 브뤼셀의 특산품 램빅 맥주를 마셨다.

오랫동안 사람들은 맥주를 마시면 젖 양이 늘어난다고 믿었다. 20세기 초까지도 건강에 좋은 음료라며 수유부에게 맥주를 권할 정도였다. 수유부에게 알코올을 권장할 수는 없지만, 맥주가 젖의 양을 늘린다는 과학적인 증거들은 엄연히 존재한다. 물론 학자들의 의견이 전부 같은 것은 아니다. 젖이 많이 나오게 하는 것은 보리와 귀리에 풍부한 다당류 '베타글루칸' 때문이라는 몇몇 연구 결과도 나와 있다. 그러나 맥주에 든 알코올 성분은 베타글루칸의 양에 별 영향을 미치지 않는다. 따라서 무알코올 맥주나 약한 맥주, 맥아 추출액을 먹어도 젖 양은 늘어난다. 물론 중세 사람들은 알코올에 엄격한 잣대를 들이대지 않았다. 그래서 갓 돌을 넘긴 어린 고드프리도 젖 말고 다른 것을 찾으면 약한 램빅 한 모금 정도는 얻어마실 수 있었다.

부대가 대열 정비를 마쳤을 때 고드프리도 배불리 식사를 마쳤다. 고드프리는 나무에 걸린 요람에 누워 잘 먹었다는 인사로 트림을 했다. 그런데 그 순간 갑자기 요의를 느낀 고드프리는 자리에서 일어나 몸을 살짝 뒤로 젖히고 적군을 향해 한바탕 시원하게 물줄기를 내뿜었다.

브라반트 군대는 사령관 고드프리의 영웅적 행동에 박수갈채로 응답했다. 어린 공작은 교묘한 방법으로 반란군을 모욕했다. 왕실의 제일 소중한 보물을 반란군의 면전에 들이밀면서 말 그대로 오줌을 갈겨버린 것이다. 고드프리가 볼일을 마치고 낮잠을 자려고 자리에 눕자 브라반트 군대는 반란군을 향해 돌격했다. 사령관의 용맹한 행동에 사기가 오를 대로 오른 군사들에게 그림버겐 반란군은 상대가 되지 않았다. 란스빅전투는 순식간에 끝났다. 브라반트공국은 권력을 지켰고, 반란군은 후일을 기약하며 퇴각했다.

승리를 거둔 군대는 의기양양하게 브뤼셀로 돌아왔다. 고드프리의 오줌 이야기는 입에서 입으로 퍼져 나갔다. '브뤼셀의 무기도, 브뤼셀의 램빅도 천하무적'이라는 노래가 곳곳에서 울려 퍼졌다. 전투를 끝낸 병사들은 고드프리의 요람을 걸었던 참나무를 전리품으로 뽑아 와 시내 한복판에 심었다. 전설에 따르면 나무는 그곳에서 200여 년을 더 자라면서 그날의 승리를 되새겼다고 한다. 참나무가 수명을 다하자 사람들은 그 자리에 물을 뿜는 석상을 세워 그날의 영웅적 행위를 기렸다고 한다.

고드프리 3세의 재위 시기, 그림버겐의 반란, 란스빅전투는 입증된 역사적 사실이다. 하지만 고드프리의 오줌 이야기는 구전으로 내려온 까닭에 진위가 확실하지 않다.

이것 말고도 마네켄피스에 얽힌 전설은 많다. 반란군이 폭탄의 도화선에 불을 붙였는데 어떤 꼬마가 오줌을 누어서 도시를 구했다는 전설도 있다. 잃어버린 아들을 무사히 찾은 부유한 상인이 감사한 마음에 조각상을 세웠다는 이야기도 있다. 상인이 아들을 발견했을 때, 마침 아이가 오줌을 누고 있었다고 한다.

칸티용괴즈 100% 램빅바이오

Cantillon Gueuze 100% Lambic Bio 브뤼셀(벨기에)

유형	램빅
알코올 함량	5.0%
비중	12.7°P
쓴맛	25.8 EBU ●●●
색상	16 EBC ●

램빅 맥주는 브뤼셀 지역과 브뤼셀 서남부의 센강 계곡에서만 생산된다. 따라서 이 유구한 역사를 지닌 맥주를 생산하는 업체도 불과 열 곳 남짓이다. 램빅 맥주에는 2~3년을 키워 맛이 강하지 않은 홉을 사용한다. 그래서 홉을 많이 넣는데도 쓴맛이 덜하다. 대신 보존성은 높아 오래 보관할 수 있다. 램빅 맥주의 가장 큰 특징은 맥아즙에 효모를 첨가하지 않고 공기 중의 야생 효모와 박테리아를 이용해 자연 발효한다는 것이다. 맥아즙을 끓인 다음 납작한 그릇에 담아 양조장 다락방에서 식히는데, 다락방 창문을 활짝 열어두기 때문에 계곡의 미생물과 천연 효모 포자가 바람에 실려 온다. 그렇게 식힌 맥아즙을 야생 효모와 함께 나무통에 옮겨 담아 발효시킨다. 발효 기간은 결과에 따라 몇 개월에서 최고 3년이 걸린다.

괴즈gueuze는 갓 양조한 램빅과 묵은 램빅을 혼합한 맥주로, 병에 넣은 후에도 발효가 계속된다. 1900년부터 가업으로 이어져온 한 양조장의 맥주 '칸티용괴즈'는 1년산, 2년산, 3년산 램빅 맥주를 혼합한 제품이다. 원료는 필스너 맥아pilsner malt, 발아 안된 밀, 할러타우 지역에서 생산된 2년산 홉이다. 미디움 바디에 탁한 호박색을 띤 이 맥주는 감귤과 사과 향이 감도는 시큼한 밀 맛이 난다.

1510년, 맥주부터 책까지 필요한 모든 것을 갖춘 루터의 서재. 19세기 목판화. 코부르크 주립 도서관 제공.

3
홉, 종교개혁에
이바지하다

·········

소도시 아이슬레벤 주변에는 지금도 그 옛날의 독일 농촌 풍경이 남아 있다. 북서쪽에는 울창한 하르츠산맥이 솟았고, 다른 쪽은 언덕이 많은 평야 지대이며, 그 사이사이에 작은 숲과 마을들이 자리 잡았다. 경작지에는 주로 밀과 보리를 심지만, 군데군데 검푸른 빛깔의 홉 밭도 눈에 띈다.

이 도시가 낳은 가장 유명한 인물이 바로 신학자이자 종교개혁가 마르틴 루터Luther, Martin다. 그는 1483년 아이슬레벤에서 태어나 1546년 62세 나이로 고향에서 눈을 감았다.

당시에는 이런 북부 지역에서도 포도를 재배했지만, 아이슬레벤 주민들은 포도주를 마시지 않았다. 식사 때는 맥주를 마셨고, 포도주는 일요일에 성당 제단에만 올렸다. 신부님께 드리는 술이었다. 상황이 이렇다 보니 당연히 루터도 맥주를 자주 마셨다. 학생 때는 다른 친구들과 마찬가지로 에르푸르트의 술집을 자주 찾았다. 훗날 그는 에르푸르트대학교가 거대한 유곽이자 맥줏집이었다고 회상했다.

1508년 루터는 신학 공부를 더 하고자 비텐베르크로 갔다. 비텐베르크는 작센주의 '맥주 수도'답게 주민 수가 2천 명밖에 안 되는 작은 도시에 양조장이 무려 172개나 되었다. 주민 열두 명당 양조장 한 개 꼴인 이런 압도적인 비율이 나올 수 있었던 까닭은 양조장 대부분이 술집에 딸린 자급용 양조장이었기 때문이다. 학업은 순조로웠다. 그는 1512년에 신학 박사 학위를 땄고 비텐베르크대학교의 신학 교수로 임명되었다. 루터가 역사에 이름을 올린 것은 1517년에 면죄부 판매와 가톨릭교회의 폐해를 비판한 95개조 반박문을 슐로스 교회 정문에 붙이면서부터다. 루터의 반박문은 급속도로 퍼져나갔다. 특히 알프스 북쪽의 유럽, 즉 독일, 네덜란드, 영국, 낙후된 스칸디나비아에서 빠른 속도로 퍼졌다. 전부 맥주를 마시던 지역이다.

당시 가톨릭교회의 수장은 피렌체의 세력가 메디치 가문 출신의 교황 레오 10세Leo X: 1475~1521였다. 레오 10세는 르네상스 군주다운 삶을 살았고 자신의 지위와 가문의 전통에 어긋나는 짓을 삼갔으며 예술을 사랑하고 후원했다. 그러나 그 못지않게 상다리가 부러지게 차린 잔칫상을 좋아했다. 교황으로 선출된 1513년 3월에는 나흘 동안 피렌체 사람들에게 잔치를 열어주었는데, 황금 술통에서 포도주가 쉬지 않고 흘러나왔다. 1513년 4월 로마에 입성했을 때는 그가 지나는 길목마다 분수에서 물 대신 포도주가 솟구쳤다.

그런데 교황 개인의 재산은 막대했지만, 16세기 초 가톨릭교회는 재정이 부족해 골머리를 앓았다. 특히 로마의 성 베드로성당을 짓느라 막대한 자금이 들어갔다. 이때 재정을 확보하는 한 가지 방법이 면죄부 판매였다. 헌금 같은 선행으로 죄를 사하는 관행은 이미 오래 전부터 널리 행해졌지만, 16세기의 가톨릭교회는 예전보다 더 역점을 두어 면죄부 판매를 추진했다. 독일에서는 도미니크수도회의 수사 요한 테첼이 특히 면죄부 판매에 열을 올렸다. 그러나 "헌금함에 동전이 쨍그랑 떨어지는 순간 영혼이 천국으로 튀어 오른다."는 그 유명한 말을 테첼이 했는지는 확실치 않다.

로마교황청은 면죄부를 비판한 루터의 반박문이 못마땅했다. 1520년 레오 10세는 루터의 반박문과 저서를 비판하면서 그의 주장을 취소하라는 교서를 내렸다. 루터는 교황의 지시에 불응하며 공개적으로 교서를 불태워버렸고, 그 결과 1521년 1월에 파문당했다. 루터보다 앞서 교황의 권력을 비판했던 얀 후스와 존 위클리프의 운명이 눈앞에 아른거렸다. 얀 후스는 1415년 콘스탄츠공의회에 소환되어 화형당했다. 존 위클리프는 1384년에 자연사했으나, 1428년 교황의 명령으로 무덤을 파서 유골을 화형에 처했다.

다행히 루터는 작센 선제후 프리드리히 3세Friedrich III: 1463~1525의 도움으로 화를 면했다. 교황은 프리드리히와 그의 정치적 영향력을 고려해 그가 보호하는 인물은 건드리지 않았다. 프리드리히 3세는 1521년 4월의 보름스제국의회에서 루터가 공개적으로 자기 입장을 변론할 기회를 마련해주었다.

라인 강변에 자리 잡은 보름스에서는 손님에게 포도주만 대접했

보름스제국의회에서 연설하는 루터. 안톤 폰 베르너의 1877년 작.

다. 루터의 친구였던 브라운슈바이크-뤼네부르크-칼렌베르크의 공작 에리히 1세는 그 사실을 알고서 보름스로 아인베크 맥주를 한 통 보내주었다. 말 그대로 생사를 가를 변론을 준비하는 친구가 최대한 편안한 마음으로 그 일에 임할 수 있게 해주고 싶었기 때문이다. 훗날 루터는 친구의 배려에 여러 차례 감사의 뜻을 표했다.

보름스제국의회에 출석한 루터는 끝까지 자신의 주장을 철회하지 않았고 그 결과 최종 파문 처분을 받았다. 이제 더 이상 가톨릭교회 안에서는 변화를 꾀할 수 없게 되었다. 이로써 루터는 자신이 원한 바는 아니었지만, 새로운 프로테스탄트개신교 교회의 토대를 닦은 인물이 되었다. 보름스제국의회 이후 루터는 종교 지도자를 넘어 세속의 순교자로도 추앙받았다. 신성로마제국의 황제 카를 5세가 루터에게 국외 추방령을 내렸기 때문이다. 그 말은 누구든 그를 보면 체포해도 된다는 뜻이었다.

루터가 암살당했다는 소문이 자자했으나 사실 그는 프리드리히 3세의 비호 아래 바르트부르크 성에 숨어 있었다. 1522년 사태가 조금 진정되자 루터는 다시 비텐베르크로 돌아왔다. 그리고 프리드리히 3세의 보호를 받으며 예전처럼 집이나 맥줏집에서 술을 마시는 등 비교적 자유롭게 생활했다. 자신을 비판하는 사람이 있으면 "술집에 앉아 교회를 생각하는 편이 교회에 앉아 술집을 생각하는 것보다 낫다"고 반박했다.

그는 필리프 멜란히톤Melanchton, Philipp: 1497~1560과도 자주 어울렸다. 멜란히톤은 금욕주의자로 명성이 자자했지만, 맥주를 즐겼다.

실제로 멜란히톤은 말년에 직접 맥주를 만들기도 했다. 적지 않은 비텐베르크 사람들이 그런 식으로 자급용 양조장을 소유했다. 루터의 집에는 큰 맥주잔이 하나 있었는데 장식 세 개가 테를 두르고 있었다. 루터는 그 장식마다 이름을 붙였다. 맨 아래 것은 '십계명', 둘째 장식은 '사도신경', 제일 위 장식은 '주기도문'이었다. 루터는 자기가 한 잔을 다 비우고 머릿속으로 이 셋을 다 외울 동안 멜란히톤은 겨우 십계명까지밖에 못 마신다고 농담하곤 했다.

95개조 반박문을 발표한 뒤로 루터는 유명인이 되었고, 덕분에 일거수일투족이 관심의 대상이었다. 사람들이 그가 마신 맥주잔의 수까지 셀 정도였다. 루터의 적들은 그를 술꾼이라고 낙인찍었다. 하지만 루터가 알코올을 남용했다는 증거는 없다. 오히려 그는 설교 때마다 절제를 강조했다. 음식도 술도 신의 선물이므로 남용해서는 안 된다고 말이다. 그러나 1544년 술 취한 노아에 관한 설교를 준비하면서는 "노아가 밤에 술을 많이 마신 이유는 자기가 직접 경험해봐야 다음날 그런 곤란한 문제를 입에 올릴 수 있기 때문이었을 것"이라고 농담을 했다.

1525년 마르틴 루터는 카타리나 폰 보라Bora, Katharina von와 결혼했다. 한때 수녀였던 카타리나는 수녀원에서 맥주 양조법을 배워 집에서도 맥주를 빚었다. 루터는 아인베크나 나움부르크산産 맥주를 좋아했지만, 아내가 만든 약한 비텐베르크 맥주도 아낌없이 칭찬했다. 물론 루터의 식구들이 집에서 카타리나가 만든 맥주만 마신 것은 아니다. 1530년대에 쓴 가계부를 보면 해마다 고기를 사는 데 300굴덴,

맥주를 사는 데 200굴덴을 썼다. 빵에 쓴 비용은 50굴덴이었다.

　루터가 맥주를 좋아했다는 소문에도 거품이 많다. "맥주를 마시면 잠을 잘 잔다. 잠을 잘 자면 죄를 짓지 않는다. 죄를 안 지으면 천국에 오른다"는 말이 그의 입에서 나왔다는 소문도 있다. 지금도 이 경구는 독일 술집의 벽과 맥주잔의 장식에 쓰인다. 그러나 루터가 이런 말을 했다는 증거는 어디에서도 찾아볼 수 없다. 루터는 죄를 짓지 않는 것과 은총을 철저하게 구분했다. 죄를 짓지 않거나 선행을 해서는 천국에 오르지 못한다고 보았다. 믿음과 은총만이 인간을 천국으로 데려간다고 생각했기 때문이다. 1521년에 루터는 멜란히톤에게 이런 구절을 담은 편지를 썼다. "죄인이 되어 과감하게 죄를 짓게나. 하지만 그보다 더 과감하게 믿고 그리스도 안에서 기뻐하게."

　포도주 보다는 맥주를 더 좋아한 루터였지만, 그렇다고 포도주를 거절하지는 않았다. 살다보면 즐길 때도 있는 법이니 말이다. "포도주와 여자와 노래를 사랑하지 않는 자는 평생 바보로 살 것이다"라는 말도 루터의 입에서 나왔다고 알려졌지만 확실하지는 않다. 이 말을 했다는 사실을 입증한 최초의 인물은 루터보다 족히 200년은 늦게 태어난 독일의 시인이자 언어학자 요한 하인리히 포스다.

　1546년 루터가 사망할 당시에도 유럽의 종교적 지형은 여전히 격변 상태였다. 신성로마제국의 영토를 가른 프로테스탄트와 가톨릭의 경계선은 맥주 마시는 지역과 포도주 마시는 지역의 경계선과 대체로 일치했다. 맥주를 마시는 지역에는 주로 신교도가 득세했다. 독일의 북부·동부와 나란히 바이에른, 보헤미아, 슐레지엔에서도 신

교가 강세였다. 그러다가 30년전쟁[*]이 끝난 후 반反종교개혁이 큰 성
공을 거두면서 이들 지역은 결국 가톨릭으로 남았다. 가톨릭이 강세
였던 라인주는 포도주의 왕국이었다.

그러나 신성로마제국의 국경을 벗어나면 종교와 술의 연관성은
줄어들었다. 예를 들어 장 칼뱅이 설파한 프로테스탄트 교리는 16세
기에 포도의 산지인 남프랑스에서 인기를 누렸지만, 맥주를 마셨던
아일랜드인은 교황에 대한 충성을 지켰다.

시간이 더 흘러 30년전쟁으로 유럽의 종교 분계선이 굳건해지자
음주 습관과 종교의 연관성도 확연해졌다. 그러나 어디에나 예외는
있는 법. 맥주를 마시는 아일랜드, 벨기에, 체코, 바이에른은 지금까
지도 가톨릭 지역이다. 프로테스탄트가 다수이면서 포도주를 마시
는 지역으로는 프랑스어를 사용하는 스위스 서부를 예로 들 수 있다.
프로테스탄트 지역은 포도주보다 맥주를 더 많이 마시는 지역과 완
전히 일치한다는 말을 자주 듣지만, 반드시 그런 것은 아니다.

오늘날 맥주에 당연히 들어간다고 생각하는 홉 역시 종교 전쟁과
맥주의 관계를 더 맛나게 하는 양념이다. 30년전쟁이 시작된 16세기
초는 그루이트gruit와 홉의 마지막 대전이 벌어진 때이기도 했다.

홉은 8세기부터 맥주 원료로 사용되었다. 특히 12세기의 인물인

---

[*] 1618~1648년, 합스부르크 왕가가 독일을 구교로 통일하려하자 신교의 대제후들이 반란을 일으켰
고, 이것이 유럽 여러 나라 간의 전쟁으로 번졌다. 베스트팔렌조약에 의해 프랑스의 승리로 끝났다.
그 결과 네덜란드와 스위스가 독립했으며, 독일의 신·구 양교는 동등한 권리를 획득하게 되었다.

161. Myrica Gale L. **Gagel.**

그루이트의 핵심 재료인 습지머틀. 오토 빌헬름 톰의 1885년 작.

힐데가르트 폰 빙엔이 《피지카Physica》에 소개한 덕에 유럽 학자층 사이에서도 홉이 널리 알려졌다. "홉은 따뜻하고 건조하다. …… 홉을 술에 넣으면 그 쓴맛이 부패를 막고 보존성을 높인다." 그러나 훗날 홉 재배인의 수호성녀가 된 힐데가르트는 왜 홉이 많이 사용되지 않는지에 대해서도 나름의 견해를 밝혔다. "…… 홉이 우울증을 유발하고 인간의 마음을 슬프게 하며 내장을 괴롭히기 때문이다."

당시에는 홉보다 다른 식물을 더 많이 사용했다. 특히 허브 혼합물인 그루이트의 인기가 높았다. 허브의 혼합 비율은 지역마다 차이가 있었지만, 맛의 뼈대는 중부와 북부 유럽의 호수와 강, 운하 주변에서 많이 자라는 습지머틀Myrica gale이었다. 그 외에 로즈메리, 월계수 잎, 서양톱풀, 침엽수 송진이 많이 쓰였다. 헬데가르트 폰 빙엔 역시 그루이트를 알았다. 그녀가 언급한 그루이트는 '머틀나무'라는 이름의 식물이었는데, 아마도 지중해 연안에서 자라는 도금양Myrica communis이 아니라 독일에서도 잘 자라는 습지머틀이었던 것 같다. 그녀의 말을 직접 들어보자. "맥주를 만들 때 잎과 열매를 같이 넣고 끓이면 훨씬 건강에 좋은 술이 나온다."

그루이트의 유익한 효과는 홉과 거의 같았다. 그루이트 역시 맥주에 풍미를 더했고, 무엇보다 쓴맛을 내는 물질을 통해 보존성을 높였다. 중부 유럽의 저지대에는 습지머틀이 흔했으므로 그루이트 만들기는 어렵지 않았다. 다만 공짜가 아니었다. 수도원이 그루이트 독점권을 지니고 있었기 때문이다. 수도원에 독점권을 부여한 최초의 칙서는 9세기의 것이다. 이후 이 독점권은 중부 유럽의 관행이 되었다.

수도원과 주교구의 수도, 그 밖에 그루이트 독점권을 가진 사람들은 맥주 양조인에게 사용권을 주고 돈을 받을 수 있었다. 그래서 그루이트 사용권은 일종의 맥주세가 되어 가톨릭교회에 막대한 수입을 안겨 주었다.

홉은 13세기부터 폴란드와 발트해 연안 국가들, 러시아에서 가장 중요한 맥주 원료로 사용되다가 서서히 독일과 네덜란드로 들어와 그루이트 독점 체제에 도전했다. 그러나 변화의 바람이 불기까지는 몇백 년의 세월이 걸렸다. 인간은 원래 해묵은 관습을 고수하려는 경향이 있는 데다 홉은 맛이 썼다. 그루이트를 넣은 맥주는 홉 맥주보다 훨씬 달았다.

네덜란드에서는 14세기에 처음으로 홉이 그루이트를 이겼고, 15세기를 지나면서 가톨릭교회가 그루이트 사용료 징수를 중단했다. 독일에서는 15~16세기에 변화가 시작되었다. 독일에서 그루이트를 가장 오래 사용한 곳은 서부의 라인주였다. 특히 쾰른에서는 16세기 초가 되어서야 홉이 인기를 끌었다. 독일 양조업자들은 하나둘 그루이트 사용을 중단했고, 가톨릭교회의 수입도 점차 줄어들었다. 루터의 95개조 반박문이 나온 후에는 종교·정치적 선택으로 그루이트를 포기하고 홉을 사용하기도 했다. 홉을 쓰면 교황에게 세금을 내지 않아도 되었으니 말이다. 가톨릭이 득세하는 지역에서도 마찬가지였다. 그루이트의 인기는 급감했고, 16세기 초가 되자 불과 몇십 년 만에 습지머틀 잎을 넣은 맥주가 거의 멸종되었다. 유럽의 교회사와 맥주사에서 홉으로 맛을 낸 새 장이 펼쳐진 것이다.

아인베커 우어보크 둔켈
Einbecker Ur-Bock Dunkel　아인베크(독일)

유형	보크
알코올 함량	6.5%
비중	16.3°P
쓴맛	36 EBU
색상	34 EBC

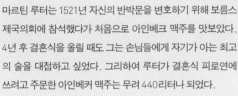

마르틴 루터는 1521년 자신의 반박문을 변호하기 위해 보름스
제국의회에 참석했다가 처음으로 아인베크 맥주를 맛보았다.
4년 후 결혼식을 올릴 때도 그는 손님들에게 자기가 아는 최고
의 술을 대접하고 싶었다. 그리하여 루터가 결혼식 피로연에
쓰려고 주문한 아인베커 맥주는 무려 440리터나 되었다.

아인베크를 비롯한 독일 북부 지역의 맥주 양조량은 16세기 말
을 기점으로 줄어들기 시작했다. 한자동맹Hanseatic League 도
시들의 힘이 약해지면서 예전만큼 많은 맥주를 수출하지 못했
기 때문이다. 이름을 날리던 양조 장인들이 뮌헨으로 이주하는
바람에 17세기에는 뮌헨에서 독한 맥주를 지칭하는 '보크bock'
라는 명칭이 두루 사용되었다. 아인베크를 바이에른 사투리로
발음하면 '오안보크'가 되는데 여기서 첫음절이 떨어져 나가면
서 '보크'만 남은 것이다.

아인베크를 만드는 양조장은 지금도 고향 도시의 양조 전통을
고수한다. 그중에서도 '우어보크 둔켈'은 그 유명했던 16세기
의 맥주에 가장 가깝다. 구릿빛이 도는 갈색에 달콤한 맥아 향
기가 난다. 입에 들어가면 향신료 냄새가 감돌면서 캐러멜 같
은 맥아 향이 나지만, 뒤끝은 홉 맛이 강하다.

아드리안 브라우어르 작 〈담배 피우는 남자들〉에 담긴 17세기 네덜란드 술집의 즐거운 한때.

4
농부와 술집을 그린
화가들

....

많은 화가들이 맥주에서 영감을 얻었다. 맥주를 마시며 작품을 구상하고, 맥주를 작품 소재로 삼기도 했다. 특히 16~17세기 네덜란드 미술에서 맥주가 큰 비중을 차지했는데, 여러 화가 중에서도 피터르 브뤼헐Brueghel, Pieter: 1525?~1569과 아드리안 브라우어르Brouwer, Adriaen: 1605?~1638의 작품이 미술사에 큰 발자취를 남겼다. 이들의 작품은 배나 사과, 맥주잔이 등장하는 고전 정물화가 아니라 잔치나 술집에서 신나게 술을 마시는 농민의 모습을 역동적으로 담아낸 그림들이다.

브뤼헐은 플랑드르 르네상스 미술의 거장이다. 그는 오늘날의 벨기에와 네덜란드 국경 지대인 림뷔르흐에서 태어나 앤트워프에서 그림을 공부했다. 작품 활동을 시작한 초기에는 앤트워프뿐 아니라 이탈리아에서도 그림을 그렸다. 그러나 그만의 독자적인 풍자 화풍이 만개한 때는 1560년대 초반 브뤼셀로 근거지로 옮긴 이후였다.

브뤼헐은 앤트워프 시절부터 인근 시골 마을 농부들의 삶을 화폭에 담았다. 브뤼셀로 옮긴 후에는 맥주 마시는 장면이 더 자주 그림에 등장했다. 르네상스의 다른 화가들과 달리 브뤼헐은 인간의 고결한 모습을 부각하지 않았다. 취해서 몽롱한 눈으로 멍하니 바라보는 사람들, 싸우거나 너무 먹고 마셔서 바닥에 널브러진 사람들이 그의 작품 속 전형적인 주인공이다. 미술사학자들은 이런 화풍에 주목했다. 당시의 지식인들은 대부분 브뤼헐이 민중을 조롱한 것으로 생각했으나, 미술사학자들은 브뤼헐이 그 시대에 횡행하던 위선을 꼬집었다고 주장했다. 브뤼헐의 그림을 구매하고 감탄했던 귀족들은 그림 속 농민들과 똑같은 죄악을 저질렀지만, 이중성으로 무장한 채 대부분 그 사실을 인정하지 않았다. 브뤼헐의 작품들은 그런 관람객의 영혼을 비추는 거울이었던 셈이다.

브뤼헐은 의도적으로 묘사를 단순화했지만, 그의 그림에 담긴 브라반트의 시골 풍경과 풍습은 실제와 똑같았다. 특히 브뤼셀 서쪽의 파요텐란트 지역을 잘 알았기 때문에 그곳의 구릉진 풍경을 많은 작품에 담았다. 곡창 지대인 파요텐란트는 브뤼셀에 식재료와 술을 공급했다. 이 지역 최고의 특산품은 센강 계곡의 야생 효모로 발효한 전통 램빅 맥주로, 목판에 그린 브뤼헐의 그림에도 등장한다.

그의 작품 〈추수하는 사람들〉1565은 일하고 쉬는 농촌의 풍경을 담고 있다. 그림 왼쪽의 비탈진 너른 밀밭에서는 일꾼들이 밀을 베어 한 다발씩 묶고 있다. 반대쪽에서는 일꾼들이 점심을 먹는다. 그릇에는 밀죽이 담겨 있고, 한 일꾼이 맥주를 통째로 들고 마신다. 일꾼 하나는 낮잠에 빠져 있다.

피터르 브뤼헐, 〈추수하는 사람들〉

　〈농가의 혼례〉1568에서는 맥주가 주인공이나 진배없다. 긴 식탁에 각양각색의 손님이 앉아 있는데, 다들 이야기에는 관심도 없이 배를 채우느라 여념이 없다. 식탁 끝에 앉은 영주는 인간이 빵만으로 살지는 않는다고 생각해 식사 전 기도를 올리지만, 옆에 앉은 수사가 입을 나불거리며 그의 기도를 방해한다. 다른 손님들은 숟가락질에 여념이 없거나 술통째 맥주를 들이켠다. 그림 뒤편에서는 신분이 낮은 손님들이 선 채 술을 마시고 있다. 백파이프 연주자는 배가 고픈지 먹고 마시는 사람들을 부러운 눈길로 쳐다보고, 하인 한 명은 연한

피터르 브뤼헐, 〈농가의 혼례〉

색 맥주를 단지에 채우는 중이다. 미술사학자들은 이 그림을 가나의 혼례와 연관 짓는다. 자신만 생각하느라 주변에서 일어나는 기적을 알아차리지 못하는 사람들을 브뤼헐이 비꼰 것이라고 말이다.

맥주 묘사가 가장 역동적인 작품은 〈농부들의 춤〉1568이다. 거리에서 축제가 벌어져 농부들이 춤을 춘다. 그림 왼쪽 끝의 술집 앞에는 술판이 벌어졌다. 술꾼들이 맥주를 마시며 손짓을 해대고 악사에게 술을 권한다. 싫다는 옆 사람에게 억지로 입을 맞추려는 사람이 있는가 하면, 한구석에서 술집 벽에다 볼일을 보는 사람도 있다. 하루가 저물어가고 있는 듯 술꾼 몇은 휴식이 시급해 보인다.

브뤼헐은 1563년에 결혼해 두 아들을 두었는데, 그들도 화가가 되었다. 아버지와 이름이 같은 피터르는 1564년에, 작은아들 얀은 1568년에 태어났다. 아버지 브뤼헐은 생전에도 명성을 누렸지만, 그의 생애에 관해서는 알려진 것이 많지 않다. 1569년 마흔넷의 나이로 요절한 이유도 알려지지 않았다.

　브뤼헐의 맥주 기호에 대해서는 알려진 바가 별로 없지만, 또 다른 플랑드르의 거장 아드리안 브라우어르의 음주 습관에 관해서는 수많은 일화가 전한다. '이름이 곧 운명'이라는 고대 로마의 격언이 그에게 딱 맞아떨어지는 듯하다. '브라우어르'가 네덜란드어로 '양조업자'라는 뜻이니 말이다. 그러나 이 이름이 가문 시조의 직업 때문이 아니라 프랑스 북서부의 마을 '라브뤼예르'에서 왔을 가능성도 있다.
　브라우어르는 1606년 플랑드르의 오우데나르데에서 태어났다. 열여섯 살에 고향을 떠나 무한한 가능성의 도시 암스테르담으로 향했다. 그곳에서 그는 단박에 재능 있는 화가로 이름을 날렸지만, 동시에 암스테르담 술집과 사창가의 단골이 되었다. 그러다 보니 늘 빚에 쪼들렸다. 그의 전기를 쓴 코르넬리우스 드 비에는 화가를 이런 모습으로 기억했다. "그림은 빨리 안 그리면서 버는 돈으로는 몽땅 술을 퍼마셨고, 싸구려 술집에서 껄껄거리며 연신 담배를 피워댔다."
　브라우어르는 그림의 소재도 다 쓰러져 가는 싸구려 술집에서 찾았다. 1631년 고향 앤트워프로 거처를 옮긴 후에도 달라진 것은 없었다. 빚쟁이들에게 쫓겼고 술집을 집 삼아 살았으며 주먹다짐과 카드놀이, 파이프 담배와 맥주를 작품에 담았다. 그의 그림에는 시골 주

막과 도시의 술집이 등장한다. 이런 술집들은 어두운 색 목재로 장식되어 있었는데, 지금도 네덜란드에 가면 이런 브라운 카페bruine cafe들을 만날 수 있다. 어둡기는 그의 그림 내용도 마찬가지였고, 그림에 등장하는 맥주의 색깔도 검었는데, 대부분 플랑드르 브라운 에일brown ale이었을 것이다. 화가의 고향 오우데나르데에는 지금도 영업 중인 양조장 브루어리 로만Brouwerij Roman이 있는데 '아드리안 브라우어'라는 이름의 맥주를 제조한다. 물론 브라운 에일이다.

브라우어르의 작품은 거친 소재와 섬세한 작법의 불일치가 특징이다. 어두운 채색의 술집 그림들에서는 등장인물들의 장난스러운 표정이 압권이다. 예를 들어 〈담배 피우는 남자들〉1636을 보면 한 남자가 술잔에서 고개를 들며 즐거운 표정을 짓고, 왼쪽 남자는 손가락으로 자기 코를 슬쩍 밀고 있다. 오른쪽 남자는 혼자 씩 웃고, 그 옆의 두 남자는 도넛 모양으로 올라가는 담배 연기를 바라본다. 〈술집에서〉1630년대라는 제목의 그림에서도 한 잔의 갈색 맥주가 좌중을 황홀경에 빠뜨린다.

예술은 혹독한 대가를 요구했다. 계속되는 흡연과 과도한 음주, 형편없는 식사로 약해진 심장은 그의 나이 불과 서른한 살 되던 1638년에 그만 멈추고 말았다. 무일푼 신세였던 브라우어르는 공동 묘혈에 매장되었다가 화가 길드 조합원들의 도움으로 앤트워프 카르멜회 수도원에 안장되었다. 묘비에 적힌 사인은 '가난'이다.

---

*   짙은 색을 띠는 순한 병맥주.

아드리안 판 오스타더, 〈바이올린 연주자〉

　물론 술집을 그렸다고 해서 그 화가가 모두 요절한 것은 아니다. 브뤼헐과 브라우어르 이외에 다비트 테니르스Teniers, David: 1610~1690와 아드리안 판 오스타더Ostade, Adriaen van: 1610~1685 역시 맥주를 그림 소재로 삼은 것으로 유명하다. 이 네 사람의 화가는 일상생활에서 작품의 소재를 찾았던 네덜란드 풍속화의 기틀을 다졌다.

플랑드르에서 태어난 테니르스의 작품은 브라우어르와 브뤼헐의 작품을 합쳐놓은 것 같다. 생각에 잠겨 〈팔꿈치를 탁자에 대고 담배 피우는 사람〉1643처럼 어두운 채색의 술집도 자주 그렸지만, 강렬한 색상을 탐닉하면서 맥주에 취해 춤추는 농민들을 포착한 브뤼헐풍 그림도 많다. 네덜란드 태생의 오스타더는 일상에서 맥주를 즐기는 사람들을 자주 화폭에 담았다. 이런 그림 중에서 가장 유명한 작품은 〈바이올린 연주자〉1673다.

이들 네 사람은 모두 섬세한 세부 묘사에 능했다. 따라서 이들의 작품을 비교해보면 각 지역의 맥주 문화가 어떻게 다른지 알 수 있다. 네덜란드의 암스테르담 주변과 플랑드르의 앤트워프 근교에서는 진한 맥주를 선호한 반면, 브뤼셀과 브라반트 사람들은 더 가벼운 램빅이나 밀맥주˙를 즐겨 마셨다. 시간이 갈수록 사는 형편이 나아졌다는 것도 확인할 수 있다. 브뤼헐의 그림에 등장하는 16세기 농민들은 장식 없는 도기 단지로 맥주를 마시지만, 17세기로 가면 시골의 술집에서도 손잡이가 달린 도기 맥주잔이 등장한다. 도시의 술집을 그린 작품에서는 뚜껑 달린 목재 맥주잔도 보인다. 중산층이 주로 찾는 고급 술집에는 테니르스의 〈술집에서의 자화상1646〉에 나오는 길고 날씬한 유리 맥주잔이 등장했다. 이 그림 속 화가의 나른하고 편안한 표정은 화가로 먹고살기가 꽤 괜찮았음을 보여준다.

---

* 흔히 '바이젠(weizen)'이라고 부르는 맥주로, 최소 50퍼센트의 밀과 함께 보리를 섞어 상면발효 방식으로 생산한다. 독일어로 바이첸비어(weizenbier)라고 부르지만, 독일의 보통 맥주보다 밝은색을 띠는 '흰 맥주'라는 의미로 바이스비어(weissebier 또는 weißbier)라고도 한다.

린데만스 파로

Lindemans Faro　블레젠비크(벨기에)

유형	램빅	
알코올 함량	4.5%	
비중	16°P	
쓴맛	23 EBU	●●●
색상	25 EBC	●

램빅 맥주는 통에서 발효를 마치면 바로 마실 수 있다. 하지만
대부분 원액을 그대로 마시지 않고 묵힌 맥주와 섞어서 혼합주
괴즈를 만들거나 가공해서 각종 과일 맥주나 '파로faro'를 만든
다. 파로는 갓 발효된 램빅과 1년 숙성한 램빅 그리고 얼음사
탕을 혼합한 술이다. 그래서 괴즈보다 맛이
순하고 단맛과 신맛이 섞인 특유의 맛을 낸다.
브뤼헐과 테니르스의 그림에 등장하는 농민들
은 색이 조금 더 진한 램빅을 마시는데, 색깔로
미루어 파로인 듯하다.

블레젠비크는 주민 수가 3천 명밖에 안 되는 브뤼
셀 외곽의 작은 마을이지만, 식음료 차원에서 보
면 대도시나 마찬가지다. 품질 좋은 고가의 초콜
릿을 생산하는 유명한 벨기에 기업 노이하우스
Neuhaus와 벨기에의 아홉 개 양조회사 중 하나
이며 1822년에 설립된 가족 기업 린데만스가
그곳에 있기 때문이다. '린데만스 파로'는 얼음
사탕 맛이 살짝 나는 반짝이는 호박색 램빅 맥
주다. 신맛이 적은 균형 잡힌 풍미가 자랑이다.

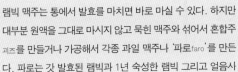

병사와 농민의 만남. 30년 전쟁을 기록한 동판화.

5

30년 전쟁의 승리를 이끈
우어 크로스티처

....

체코와 맞닿은 독일 동부의 작센 자유주*는 과거 선제후령과 작센왕
국 시절의 몇 가지 전통을 지금도 이어 가고 있다. 주요 도시는 라이
프치히와 드레스덴이며, 라이프치히 북쪽에 작은 마을 크로스티츠
가 있다. 30년 전쟁 때, 크로스티츠의 이웃 마을 브라이텐펠트에서
두 차례의 전투가 벌어졌는데, 두 번 모두 스웨덴 포병 부대와 핀란
드 하카펠리타트Hakkapeliitat**의 공으로 신교가 승리를 거두었다.

독일의 많은 마을과 소도시가 그렇듯 크로스티츠 역시 중세 시대
의 봉토封土가 그 기원이다. 작센 선제후가 자신을 따르는 충성스러
운 기사에게 라이프치히 북쪽의 영지를 농노까지 포함해 봉토로 하

---

* 자유주(Freistaat)라는 단어는 라틴어의 '공화국(res publica)'을 독일어로 직역하여 19세기부터
  사용한 것인데, 자유주라고 해서 다른 주들과 차별되는 권리나 법적인 근거를 지니는 것은 아니다.
  현재 자유주를 공식 명칭에 붙여 쓰는 도시는 작센, 바이에른, 튀링겐 등 세 곳이다.
** 30년 전쟁 시기에 활약한 핀란드 기병 부대로, 스웨덴의 국왕 구스타브 2세의 지휘를 받았다.

사한 것이다. 그 기사가 영지 이름을 따서 자신을 '폰 크로스테비츠'라고 칭했는지 '폰'은 '출신'을 뜻하며, 귀족임을 의미하는 칭호다. 아니면 영지에그의 이름을 붙였는지는 확실하지 않다. 어쨌든 크로스티츠는 중세에도 맥주 양조와 홉 재배로 이름을 날렸는데, 30년 전쟁 때는 스웨덴의 왕 구스타브 아돌프Adolf, Gustav: 1594~1632, 구스타브 2세까지도 이 지역의 맥주를 접하게 되었다. 그러나 오늘날 이곳을 지나는 관광객 대다수는 그 사실을 알지 못한다. 양조장에서 풍기는 맥아 냄새에 호기심이 발동해 열심히 살피지 않는 한 말이다.

30년 전쟁 초기, 작센의 선제후 요한 게오르크 1세는 합스부르크 왕가와 구교의 편이었다. 아직 그의 영지는 전쟁의 피해를 거의 보지 않았다. 하지만 스웨덴이 신교 동맹군과 함께 전쟁에 뛰어들면서 상황이 급변했다. 작센 역시 전쟁의 포화를 피할 수 없었다.

당시에는 적의 무기에 맞아 전사하는 병사보다 여러 가지 질병, 특히 장 감염으로 사망하는 병사의 수가 훨씬 많았다. 격전지의 주민도 예외가 아니었다. 감염의 주원인 중 하나는 오염된 식수였다.

유럽 도시의 옛 모습을 상상해보라. 정방형 블록을 빙 둘러 몇 층짜리 집들이 서 있다. 블록 가운데에는 마당이 있고, 그 마당 둘레에 장작 창고와 재래식 변소, 마구간과 가축의 우리들이 있다. 그리고 마당 한가운데에 우물이 있었다. 그런 블록 하나에 수백 명의 사람이 말, 돼지, 닭, 토끼 등의 가축과 한데 어울려 살았다. 상하수도 시설이 없는 상황에서 그 우물물의 상태가 어땠을지는 누가 봐도 뻔하다.

시골도 다를 것이 없었다. 우물물의 수질이 건강을 해칠 정도는 아니었던 마을도 수백 년 동안 살다보니 깨끗한 수질을 꾸준히 유지하기는 어려웠다. 주민들은 자주 위장병을 앓았고, 그러면 마을 사람들은 유대인이나 적군이 우물에 독을 탔다고 믿었다. 심지어 근대까지도 그렇게 믿었다.

시대를 막론하고 맥주 양조업자들은 깨끗한 물의 중요성을 강조했다. 현대 실험실의 화학자나 되어야 확인할 수 있을 정도로 미량의 불순물만 섞여도 그 우물이나 샘물로 만든 맥주는 불순물의 뒷맛을 남기는 법이다. 그러니 물이 깨끗할수록 그 물로 만든 맥주도 잘 팔렸다. 양조 공정을 철저히 지켜 허브를 끓이고 당시로서는 정말로 깨끗한 통에 담아 발효시킨 데다 홉의 쓴맛과 알코올이 박테리아의 성장을 억제하니, 맥주는 안전한 음료였다. 마을에서 구할 수 있는 물과 비교하면 무균 상태나 진배없었다. 박테리아와 미생물에 관해 아무것도 몰랐던 옛날 사람들도 맥주를 마시는 사람이 물을 마시는 사람보다 더 건강하다는 사실을 경험으로 알았다. 따라서 부대 이동 계획을 세우거나 군사 작전을 짜는 사령관들은 당연히 해당 지역에 맥주 저장고가 있는지를 열심히 따졌다.

물론 지휘관들이 맥주 보급 가능성만 보고 전략을 짰다고 할 수는 없다. 하지만 실제로 부대가 행군을 멈추면 병사들은 우선 말에게 물을 먹인 다음 무조건 술집이나 양조장으로 달려가 맥주부터 찾았다. 그다음에는 주택의 지하실을 뒤졌고, 그래도 도저히 맥주를 찾을 수 없을 때 하는 수 없이 물을 마셨다. 30년 전쟁 동안 이 같은 병사들의

약탈로 독일의 많은 지역 주민들이 말할 수 없이 큰 고통을 겪었다. 한 예로, 1632~1633년에는 라이프치히 인근에 사는 주민들이 "진군하거나 퇴각하는 부대가 모든 것을 쓸어가 가축 먹일 건초조차 없을 지경"이라고 하소연했다. 콩꼬투리나 밀기울까지, 먹을 수 있는 것은 전부 끌어모아야 겨우 빵이라도 구워 먹었으니 맥주는 꿈도 꿀 수 없었다.

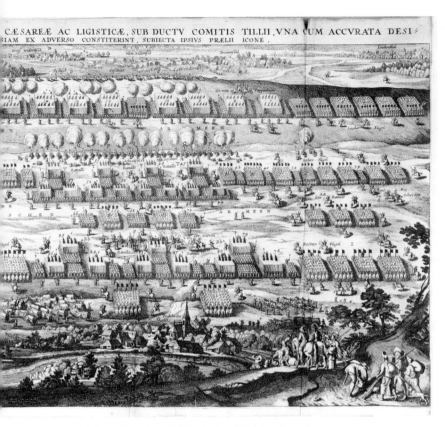

CÆSAREÆ AC LIGISTICÆ, SUB DUCTV COMITIS TILLII, VNA CUM ACCVRATA DESI=
SIAM EX ADVERSO CONSTITERINT, SUBIECTA IPSIVS PRÆLII ICONE.

브라이텐펠트전투를 기록한 동판화. 마테우스 메리안의 17세기 작품.

1631년 여름 전쟁의 물결은 라이프치히까지 밀려왔다. 9월이 되자 틸리 백작이 이끄는 가톨릭 군대가 퇴각하면서 거쳐 가는 곳마다 모두 식량을 징발했다. 수확한 곡물은 물론이고 수확은 했으나 미처 타작하지 못한 농산물까지 쓸어갔다. 흑사병을 비롯한 전염병이 퍼지기 시작했다. 주민들에게는 아직 수확하지 않은 약간의 농지가 그나마 겨울을 대비할 희망이었다.

가톨릭 군대가 크로스티츠에서 퇴각하자마자 스웨덴 프로테스탄트 부대가 진군해왔다. 전해 내려오는 이야기에 따르면 이 부대는 주민들의 호감을 샀다고 한다. 병사들은 훤칠하고 우람한 데다 군장도 튼튼했고 군기도 잘 잡혀 있어서 절대 약탈을 일삼지 않았고, 필요한 것이 있으면 부탁하고 반드시 돈을 냈다.

9월 17일 오전 이름 모를 한 농부가 집 앞에서 하인들을 기다리고 있었다. 들에 마지막으로 남아 있던 밀단을 가져오라고 보낸 하인들이 통 소식이 없자 농부는 슬슬 걱정이 들기 시작했다. 무슨 일이지…… 적군에게 습격을 당했나?

애타게 기다리는 하인들은 도통 올 생각을 안 하고, 그 대신 저 멀리 큰길에서 어떤 기사가 달려왔다. 기사가 농부를 알아보고 말머리를 그쪽으로 돌렸다. 농부는 불안했다. 무슨 새로운 법이라도 생겼나? 지하 창고에 간신히 숨겨둔 맥주를 빼앗기는 것은 아닐까? 그러나 도망치기에는 이미 늦었다.

기사가 농부 앞에 말을 세웠다. 말 몸에서 모락모락 김이 피어올랐다. 농부는 남자의 신분을 가늠해 보았다. 말은 순종이었고, 기사도 나이는 어렸으나 궁중에서 입는 옷을 입은 것으로 미루어 귀족 같았다. 기사가 공손하게 물었다. "이 집에서도 맥주를 만드시나요?" 농부는 사실을 숨길 엄두가 나지 않았다. "집 주인이신가요?" 이번에도 지주는 그렇다고 대답했다. "혹시 맥주가 있습니까?"

드디어 올 것이 왔다는 느낌이었다. 아니라고 해봤자 상황만 나빠질 것이다. 진실은 좋은 것이든 나쁜 것이든 결국 밝혀지기 마련이다. 그는 조심스럽게 대답했다. "아주 조금밖에 없습니다. 추수 감사 축제 때 마시려고 아껴둔 맥주가 조금 있습니다."

"아, 정말 다행입니다. 이제 곧 스웨덴 국왕 폐하께서 이곳을 지나실 텐데 조금이나마 목을 축여드리고 싶었습니다. 오는 내내 마실 것이 하나도 없어서요. 물도 못 드셨습니다. 폐하의 이름으로 부탁드립니다. 제일 좋은 잔에 품질 좋은 맥주를 따라 큰길가에 서서 폐하를 맞이해주십시오."

기사는 말을 마치고 타고 온 말을 돌려 큰길로 달려갔다. 그 기사는 열일곱 살의 아우구스트 폰 로이벨핑으로, 니더바이에른의 귀족 가문 출신이었다고 한다. 스웨덴 군대가 온다고 하는 데다 자신이 지엄하신 왕을 섬길 수 있게 되었다는 사실에 들뜬 농부는 곧장 맥주잔을 채워 큰길로 나갔다.

왕의 행렬이 다가왔다. 먼지투성이 보병들의 뒤를 용기병 중대가 따랐고, 그다음으로 파랑과 노랑이 섞인 국기를 든 한 무리의 기병이 나타났다. 농부가 스웨덴 왕을 알아보고 가까이 다가가자 왕이 외쳤다. "오, 저기를 보라. 선한 사마리아인이 내 갈증을 달래주는구나!" 왕은 말을 멈추고 맥주잔을 건네받았다. 이 장엄한 순간에 깊이 감동한 농부는 왕에게 승전을 기원했다. "부디 이 잔을 다 드시고 적을 무찌르십시오."

왕은 큰 소리로 웃으며 말했다. "마지막 한 방울까지 다 마실 수밖에 다른 수가 없겠구나." 그러고는 맥주를 벌컥벌컥 마시고 턱수염

브라이텐펠트전투를 지휘하는
구스타브 아돌프. 야콥 반
헤이덴의 1632년 작 동판화.

을 닦으며 말했다. "좋구나. 진하고 맛있고 뛰어나다. 너의 군주가 동
맹군에게 베푼 선행은 신께서 보답하실 것이다. 자, 이것은 그대에게
주는 감사의 인사다." 왕이 커다란 루비가 박힌 금반지를 손가락에서
빼 빈 잔에 넣은 후 농부에게 돌려주었다. 그리고 구스타브 아돌프는
군대를 이끌고 브라이텐펠트를 향해 달려갔다.

한낮 무렵, 브라이텐펠트 쪽에서 포성이 울리기 시작했다. 오후가
되자 전투는 끝났다. 스웨덴군의 대승이었다.

전설은 여기서 끝난다. 밀단을 가지러 간 하인이 어떻게 되었는지,

이름 없는 농부의 집에서 벌어진 추수 감사 축제가 얼마나 즐거웠는지 우리는 알 길이 없다. 다만 그 훌륭한 맥주를 빚는 데 쓴 물을 길어 온 우물은 '스웨덴 우물'이라는 이름을 얻었고, 크로스티츠의 주민들은 지금까지도 브라이텐펠트에서 프로테스탄트 군대가 승리한 것이 1631년 9월 17일 전장으로 향하던 구스타브 아돌프가 훌륭한 맥주로 갈증을 달랜 덕분이었다고 이야기한다.

전설은 이쯤에서 멈추고 이제 현실로 돌아오자. 크로스티츠 기사령이 처음으로 기록에 언급된 해는 1349년이었다. 영지에는 당연히 양조장도 있었다. 이곳의 양조장은 처음부터 평판이 좋았다. 마르틴 루터도 이 크로스티츠 맥주를 칭찬했다고 한다. 그러나 구스타브 아돌프의 전설을 입증하는 역사적 자료는 존재하지 않는다. 어쩌면 맥주의 브랜드를 만들려는 마케팅 전술이었는지도 모를 일이다. 진위야 어떻든 그 전설은 30년 전쟁 이후 크로스티츠 맥주 마케팅에 이용되었고, 왕의 반지를 본뜬 '진짜 복제품'은 지금까지도 양조장의 보물로 꼽힌다.

스웨덴 우물에서 길은 물로 맥주를 빚는 전통도 여전하다. 물론 전설에 나오는 우물은 오래전에 모래땅이 되어 버렸지만, 그 우물과 같은 지하수 저수지를 사용한다. 또 전설에서 왕이 맥주를 '진하다'고 칭찬했다는 부분도 주목할 필요가 있다. 그 말은 맥아즙을 만들 때 맥아와 홉을 아끼지 않았다는 뜻이다. 그런 맥주는 지하 저장고에서 숙성되면서 알코올 함량이 상당히 높아지는 것으로도 인정받는다.

17세기만 해도 맥주 양조장들은 제아무리 잘 팔아도 자기 지역을 벗어나지 못했다. 교통 여건만 보아도 지역을 넘어서는 판로가 형성될 수 없었다. 그러나 18세기가 되면서 교통수단이 눈에 띄게 발달했다. 넓고 단단한 도로가 생기면서 무거운 곡물과 맥주를 실은 운송 수단도 이동이 용이해졌고, 19세기에는 철도까지 추가되었다. 이렇게 교통수단이 발달하자 맥주 기업들도 크게 도약했다. 크로스티츠 역시 다르지 않았다. 1803년 크로스티츠 기사령의 주인은 하인리히 오버랜더Oberländer, Heinrich라는 사람이었다. 120년 이상의 역사를 자랑하는 맥주 기업 오버랜더는 그에게서 시작된 양조장이었다. 1878년 양조장은 기사령과 작별을 고하고 독립 기업이 되었으며 1907년에는 '클라인크로스티츠 F. 오버랜더 주식회사'가 되었다. 40여 명이던 직원의 수는 19세기 중반이 되자 200명을 넘었고, 목조 가옥을 허문 자리에는 5층짜리 건물 여러 채가 들어섰다. 크로스티츠 맥주는 독일 중부 전역에서 인기를 누렸다.

2차 세계대전 이후 독일이 동서로 분단되면서 라이프치히와 그곳의 크로스티츠 양조장은 동독의 영토가 되었다. 오버랜더 주식회사는 국영 기업 크로스티츠 양조장으로 이름을 바꾸었다. 사회주의 낙원에서 유일하게 살아남은 역사의 흔적은 맥주병 라벨에 찍힌 구스타브 아돌프의 초상화뿐이었다.

우어크로스티처 파인헤르베스 필스너

Ur-Krostitzer Feinherbes Pilsner 크로스티츠(독일)

유형	필스너
알코올 함량	4.9%
비중	11.76°P
쓴맛	26 EBU
색상	8 EBC

독일이 통일된 후 크로스티츠 양조장은 라데베르거Radeberger 그룹의 식구가 되었다. 그러나 스웨덴 전통은 여전히 소중하게 지켜나가고 있다. 맥주병 라벨에 찍힌 구스타브 아돌프는 예전보다 더 근엄한 표정을 짓고 있으며, 축제 때면 스웨덴 군복을 입고 30년 전쟁 당시의 장면을 연출하는 사내社 전통 그룹도 있다. 공장 내 구스타브 아돌프 박물관과 홀에는 현 스웨덴 왕가의 식구가 다녀간 적도 있다.

21세기 초 완전히 새로운 모습으로 재건축한 양조장은 현재 유럽에서 가장 현대적인 양조 시설 중 한 곳으로 자리매김했다. 구스타브 아돌프의 근엄한 시선을 받으며 양조장은 연간 4천만 리터의 맥주를 생산한다. 대표 제품은 '파인헤르베스 필스너'로, 허브와 홉, 사과 향기가 강하며, 드라이한 질감에 맥아 맛이 강하고 살짝 단맛이 감돈다.

참고로 발효 과정에서 효모가 가라앉아 맥주통 아래쪽에서 발효되는 하면발효 방식 맥주를 '라거lager'라고 하는데, 필스너pilsener는 라거 맥주의 한 종류로 강한 쓴맛과 황금빛 색상이 특징이다.

1698년에 런던 부두를 방문한 표트르 대제는 노동자들이 마시는 포터 맥주를 알게 되었다.
피터 매클라이즈 작 〈뎃퍼드 조선소의 표트르 대제〉(1857).

6
유럽을 향한
러시아의 갈증

....

표트르 대제Pyotr I: 1672~1725는 어느 모로 보나 월등한 사람이었다. 203센티미터나 되는 키는 말할 것도 없고 머리도 비상했다. 전장에서는 가장 용감한 전사였고, 술을 마실 때는 제일 주량이 센 술꾼이었다. 그가 평소 마시는 보드카 주량이 술 약한 사람은 저세상으로 보내고도 남을 정도였다. 표트르만큼은 아니었으나 불행히도 러시아 국민 대부분이 술을 엄청나게 마셨다. 표트르는 음주 문제의 심각성을 깨닫고 국민을 각성시키기로 했다. 그는 눈길을 서구로 돌려 조국의 음주 문제를 해결할 방안을 모색했다.

표트르 대제는 1682년 열 살밖에 안 된 어린 나이에 정신지체인 이복형 이반 5세와 함께 형식적인 러시아의 차르가 되었다. 그러나 표트르가 성년이 될 때까지 실질적인 권력은 이복누이 소피야와 어머니 나탈리야에게 있었다. 덕분에 자잘한 현안에서 해방된 표트르는 두루두루 통치에 필요한 공부를 할 수 있었다.

유럽도 표트르의 중요한 관심사 중 하나였다. 17세기 말의 러시아는 여전히 중세에 머문 후진국이었다. 경제 상황은 유럽을 쫓아가지 못했고 국민은 혁신을 거부했으며 교회가 사회의 구심점이었다. 어린 표트르의 자문이던 스코틀랜드인 패트릭 고든과 스위스인 프랑수아 르포르는 개혁을 향한 서구의 다양한 노력을 전해주었다. 고든은 유럽의 교육 및 군사 체제에 훤했고, 르포르는 상업과 항해에 해박했다. 특히 표트르는 르포르의 음주 예법에 깊이 감명받았다. 인사불성이 되려고 보드카를 들이켜는 러시아 사람들과 달리 그는 술에 취해도 기분이 좋아져서 재미난 이야기를 들려줄 뿐 절대 추태를 부리지 않았기 때문이다.

열일고여덟 살 무렵 표트르는 모스크바의 밤 문화에서도 이름을 날리기 시작했다. 유난히 큰 체구와 잦은 음주 경험 덕분에 그는 보통 사람들보다 술이 셌다. 특히 비공식적인 모임 '제일 재미있고 제일 많이 마신 익살꾼과 바보들의 공의회'가 유명해서 며칠씩 술판을 벌일 때도 있었다. 성직자들은 그들의 방종한 행동에 눈살을 찌푸렸지만, 주교와 사제 중에서는 '공의회'라는 이름의 이 질펀한 술자리에 초대받는 것을 명예로 여기는 이들도 적지 않았다.

1690년대 초 1인 군주로 왕권을 다진 표트르는 1695년 오스만제국과 싸워 아조프 해를 손에 넣은 후, 유럽 땅에서 실제 경험을 쌓고자 조국을 떠났다. 여행의 주된 목적은 군 현대화와 전함 건조 기술을 배우는 것이었지만, 표트르는 음주 문화를 포함한 다른 분야에서도 현대화를 꿈꾸었다.

저지대 국가에서 제법 오랜 기간 체류한 차르는 1698년 1월 일행을 이끌고 런던에 도착했다. 그리고 템스 강변 노픽 거리오늘날의 템플 플레이스에 있는 한 맥줏집 위층에 세를 들었다. 항구와 조선소에 관심이 많았던 표트르는 매일 그곳으로 가서 작업을 지켜보았고 어떤 때는 열정이 솟구쳐 올라서 직접 일을 거들기도 했다. 그러다 해가 지면 하루의 긴장을 풀기 위해 1층의 맥줏집으로 내려가 부두 노동자들이 좋아하는 흑맥주를 마셨다. 표트르가 잔에 술을 따라주려는 종업원에게 껄껄 웃으며 "잔은 치우고 그냥 통째 주게나"라고 했다는 일화도 전한다. 맥주와 더불어 브랜디도 그가 자주 마신 술이었다. 봄이 오자 표트르는 뎃포드조선소 근처의 개인 집을 빌렸는데, 그곳에 살 때는 브랜디를 주로 마셨다. 덕분에 집주인이던 작가 존 이블린은 큰 손실을 보았다. 표트르가 이사를 나간 후에 3층이나 되는 집의 마룻바닥을 전부 다 갈았고, 가구도 모두 새로 교체했으니 말이다. 표트르가 지급한 계산서 내용을 보면 '부숴서 땔감으로 쓴 의자가 50개, 찢어 버린 그림 25점, 창틀 300개, 타일, 난로, 집안 자물쇠 전부'를 배상했다고 되어 있다.

1698년 8월 에너지를 가득 채운 차르가 러시아로 돌아왔다. 그는 군을 개혁했고 몇 년 안에 사방의 적을 무찔렀다. 1703년에는 스웨덴과 싸워 빼앗은 네바강 어귀에 페트로파블롭스크 요새를 건설했다. 건설의 욕심은 점점 커졌다. 이 요새를 짓는 것을 계기로 상트페테르부르크가 건설되기 시작했고, 불과 1년 후 차르는 아직 채 완공도 되지 않은 상트페테르부르크를 러시아 제국의 수도로 삼았다.

오늘날의 페트로파블롭스크 요새.

　건설 현장의 노동자들은 갈증이 나기 마련이다. 표트르는 공기 단축에 특히 신경을 많이 써서 일꾼들을 독려하고자 맥주를 하사했다. 런던에서도 항구와 조선소 일꾼들이 맥주를 마셨지만, 표트르 일행을 제외하면 술을 마셨다고해서 게으름을 부리거나 취해서 인사불성인 사람은 보기 어려웠다. 표트르는 바로 그 영국 맥주를 런던에서 수입해 궁중에서 마셨는데, 미래의 수도를 건설 중인 건축가와 건축 기술자들에게도 그 맥주를 내렸다. 일반 노동자들은 그 지역 양조장의 맥주로 목을 축였지만, 그것도 품질이 제법 괜찮았다. 따지고 보면 러시아의 맥주 양조도 수백 년의 전통을 자랑하는 분야였으니 말이다.

잠시 시간을 거슬러 10세기 말의 러시아로 가보자. 당시 키예프의 블라디미르 대공은 어떤 종교를 국교로 삼을지 한참 고심했다. 전설에 따르면 이슬람교는 술을 금했기 때문에 물망에 오르지 못했다고 한다. 어쨌든 고심 끝에 대공은 로마가 아닌 비잔틴을 선택했고, 정교회에 러시아로 들어가는 문을 활짝 열어주었다. 이 전설에서 주목할 점은 러시아가 처음부터 보드카의 나라는 아니었다는 사실이다. 러시아 사람들이 증류주를 알게 되기까지는 아직 500년의 세월이 더 필요했다. 그러니까 이슬람을 거부한 블라디미르 대공과 그의 백성이 좋아했던 술은 벌꿀술과 발효 호밀로 빚은 크바스kvas 그리고 맥주였다. 술로 인한 취기를 뜻하는 러시아어 '흐멜xмeль'은 같은 뜻의 핀란드어와 마찬가지로 맥주에 들어가는 홉을 뜻하기도 한다. 이 사실만 보아도 러시아인이 주로 마신 술은 맥주였음을 알 수 있다. 그러나 세월이 흐르면서 풍습이 바뀌었다. 러시아의 보드카 증류가 맨 처음으로 기록에 오른 해는 1558년이었는데, 16세기 말이 되자 벌써 보드카가 국가적 문제라는 불만의 목소리가 터져나왔다.

그런데 표트르 대제의 시대에 와서 맥주의 반격이 시작되었다. 특히 서구 문물에 가장 민감했던 도시 중상류층이 보드카 대신 맥주와 유럽 술을 선호하기 시작했다. 시골에 사는 아주 가난한 일부 사람들도 약한 전통 술인 벌꿀술을 마셨다. 하지만 이런 변화는 오래가지 못했다. 표트르가 나이가 들면서 서풍西風도 잠잠해졌고, 더는 음주 문제를 국가의 핵심 현안으로 생각하지도 않았다. 또 보드카도 나름의 장점이 있었다. 국가에 엄청난 세금을 안겨주었으니 말이다.

표트르 대제가 사망한 이후 몇십 년은 궁중 암투로 얼룩졌다. 궁중에서는 여전히 맥주를 마셨지만, 포도주에서 코냑에 이르기까지 프랑스 술이 더 인기를 누렸다. 그러다가 맥주를 좋아한 독일 태생의 예카테리나 2세Ekaterina II: 1729~1796가 권력을 장악하자 1760년대에는 다시 맥주가 유행했다. 예카테리나의 아버지는 결혼식 잔치에 쓰라고 제르브스트에서 양조한 독일 맥주를 보내주었다. 그랬으니 그녀의 입맛에 러시아 맥주가 맞을 리 없었다. 그녀는 궁중에서 소비할 엄청난 양의 흑맥주를 해마다 영국에서 수입했다. 나아가 러시아 양조장에 영국 양조 기술자를 고용하라고 촉구했다. 양조장들이 여왕의 조언을 따랐으니 아마 그때부터 러시아 맥주의 품질도 훨씬 나아졌을 것이다.

맥주 제조 기술의 혁신과 나란히 무역도 꽃을 피웠다. 예카테리나 여제의 긴 재위 기간1762~1796 동안 맥주 수입량은 몇 배나 증가했다. 1784년 상트페테르부르크를 찾았던 영국의 여행작가 윌리엄 콕스는 이렇게 말했다. "그때보다 더 훌륭하고 감칠맛 나는 영국 맥주와 포터porter: 에일 타입의 어두운 흑맥주는 두 번 다시 마셔 보지 못했다." 특히 1793~1795년까지 맥주 수입액은 50만 루블로, 금액으로 따지면 향신료 수입액의 두 배였다. 하지만 예카테리나가 러시아 국민의 음주 풍습까지 바꾸어놓지는 못했다. 18세기에 보드카 소비는 2.5배 늘었

예카테리나 여제의 초상화. 요한
밥티스트 폰 람피의 1793년 작.

고 이런 추세는 그 후로도 계속되었다. 그러다가 1990년대 들면서 다
시 맥주가 러시아에서 인기를 얻었다. 이번에도 유럽 체제에 대한 부
러움이 큰 역할을 했다. 역시나 보드카를 버리고 열렬히 맥주를 마신
주역은 교육 수준이 높은 도시 사람들이었다.

역사 기록에 등장하는 여성의 수가 미미한 것은 일반적인 추세지
만, 맥주의 역사에서는 특히 남성의 약진이 두드러진다. 궁중의 남성
들과 대작했다는 예카테리나 여제도 신선한 예외에 불과하다. 다음

장에서 소개할 타르투의 맥주 과부들이 그러하듯 여성은 대부분 이름 없는 군중으로 기억될 뿐이다. 또 설사 역사에 기록된 유명한 여성이라도 해도 맥주를 좋아했던 사람은 그리 많지 않다. 시씨Sissi라는 이름으로 불린 오스트리아헝가리 제국의 황후 엘리자베스Elisabeth: 1837~1898 정도가 알려졌을 뿐이다.

많은 맥주의 이름이 남성 위인의 이름에서 왔다. 여성의 이름을 딴 맥주는 찾기가 쉽지 않다. 벨기에의 작은 양조장 스미슈Smisje가 생산하는 임페리얼 스타우트Imperial Stout˚는 예카테리나 여제를 추억하는 이름이다. 여성의 이름을 딴 또 다른 맥주로 자텍 바론카Žatec Baronka가 있다. 이는 보헤미아의 남작 영애寵愛 울리케 폰 레베초프Levetzow, Ulrike von의 이름을 딴 것이다. 1822년 보헤미아 서부의 중간 산악 지대 카이저발트 근방에서 휴가를 보내던 요한 볼프강 괴테가 당시 열여덟 살이던 울리케를 만났다. 그 귀족 처녀는 73세의 노작가를 데리고 다니며 관광 안내를 해주었는데, 그 길에 두 사람은 한 양조장에 들렀다. 품질 좋은 홉으로 만든 보헤미아 맥주와 처녀의 미모는 늙은 괴테의 마음을 사로잡았고, 휴가를 마치고 돌아온 괴테는 도저히 그녀를 잊지 못해 청혼했다. 이 사랑은 맺어지지 못했지만, 덕분에 괴테의 가장 자기 고백적인 시 〈마리엔바트의 비가Marienbader Elegie〉1823가 탄생했다.

---

* 스타우트는 약간 시고 쓴맛이 나는 영국의 흑맥주로, 1759년 아일랜드의 기네스(Guinness) 사에서 처음 만들었다.

발티카 No. 6 포터

Baltika No. 6 Porter 상트페테르부르크(러시아)

유형	포터
알코올 함량	7.0%
비중	15.5°P
쓴맛	23 EBU
색상	162 EBC

러시아 황실은 영국에서 수입한 독한 스타우트 맥주를 즐겼다. 19세기에는 이 맥주를 황제가 마신다고 해서 임페리얼 스타우트라고 불렀다. 18세기부터 상트페테르부르크와 그 인근의 양조장들이 똑같은 흑맥주를 만들기 시작했는데, 그것이 발티카 포터baltika porter다.

맥주의 품질은 고르지 않았지만, 소련 시절에도 양조 전통은 명맥을 유지했다. 그러다가 소련 맥주의 명성을 되살리고자 레닌그라드상트페테르부르크의 당시 이름에 고급 맥주를 생산하는 새 양조장을 짓기로 계획했다. 그러나 양조장이 완공된 1990년 가을은 이미 소련의 붕괴가 임박한 때였다. 결국, 그 발티카 양조장은 1992년에 민영화되었고 이후 4년 만에 러시아 최고 양조 기업으로 성장했다. 2008년 덴마크 양조 기업 칼스버그Carlsberg에 인수된 발티카 양조장은 현재 유럽 2위를 달리는 맥주 대기업이 되었다.

'발티카 No. 6 포터'는 영국 포터와 달리 하면발효 맥주다. 색깔은 검은색에 가깝고 잔에 따르면 희고 치밀한 거품이 생긴다. 호밀빵과 로스팅 아로마, 보리죽 향이 나며, 맥아 맛에 초콜릿 맛이 살짝 감돈다. 질감은 매우 드라이하고, 뒷맛은 오렌지와 홉 맛이 난다.

대부분 양조장에서 여성과 어린이는 보조 역할밖에 못했지만, 18세기 타르투에서는 이들이 온 도시의 양조 활동을 책임졌다. 17세기 목판화.

7

맥주, 과부와 고아들을
구제하다

....

중세 말부터 유럽 대도시에서는 맥주 양조가 점차 길드 조합원의 특권 사업이 되었다. 북유럽에서 가장 오랜 역사를 자랑하는 도시 중 하나인 에스토니아의 타르투도 마찬가지였다. 몇백 년 동안 대규모 길드의 조합원에게만 맥주 양조권이 주어졌다. 그러다가 18세기에 접어들어 이들과 경쟁하는 소규모 길드들이 이 같은 독점권을 맹비난하면서 양조 권리를 요구했다. 길드 간의 알력에 신물이 난 러시아 정부는 1783년 대규모 행정 개혁의 한 방편으로 솔로몬의 판결을 내렸다. 즉, 양쪽 길드 모두에게서 맥주 거래의 독점권을 박탈한 것이다. 더불어 앞으로 맥주 제조와 판매에 관한 권한은 과부나 고아 및 달리 생계비를 마련할 방도가 없는 빈민에게 돌아갈 것이라고 못 박았다.

영국과 저지대 국가의 경우 맥주 양조업자 길드의 역사는 무려 14세기로 거슬러 올라간다. 원래의 목적은 조합원의 생계를 보장하는 것이었다. 양조장 수가 늘어나는 것은 누구도 원치 않았기에 길드에 가입할 수 있는 실질적인 방법은 상속과 매입, 그 두 가지밖에 없었다. 조합 가입 조건은 도시마다 달랐다. 예를 들어 15세기 독일 비스마르의 길드 규약은 평판이 나쁘지 않은 남성 시민이면 누구나 양조장을 매입할 수 있었다. 양조 경력은 필요 없었다. 그러나 뮌헨에서는 양조장 주인이 되려면 최소 2년의 경력이 필요했고, 파리에서는 무려 5년의 양조 경험을 요구했다.

길드 체제는 맥주의 품질을 보장하는 데도 기여했다. 길드의 동의가 없으면 누구도 업계에 발을 들일 수 없었으므로 장인들은 가격 경쟁을 걱정하지 않고 편안한 마음으로 양조 기술에 집중했다. 또 조합원 중에서 한 사람을 감독관으로 선정해, 다방면으로 품질을 감독할 권한을 주었다. 감독관은 임기 내에 어떤 양조장이든 무시로 드나들며 원료를 점검하고 작업 공정을 지켜보고 양조된 맥주의 맛을 평가할 수 있었다. 문제가 발각되면 경고부터 벌금까지 처벌을 내렸고 최악의 경우 길드에서 추방해 사실상 양조권을 박탈했다. 길드가 이 감독관을 얼마나 전폭적으로 지지했는지는 양조장 문을 잠그지 못하게 했던 벨기에 헨트의 규정만 보아도 잘 알 수 있다. 맥주가 도시를 지탱하는 버팀목이었으니 맥주의 품질 관리는 마땅한 일이었다.

15세기가 되자 길드 체제는 한자동맹 도시를 넘어 발트해 지역 곳곳으로 확산되었다. 타르투 길드의 양조권이 처음으로 역사 기록에 등장한 해는 1461년이지만, 맥주 양조에 관한 언급은 이 도시가 탄생한 13세기부터 이미 등장했다. 타르투의 경우 중부 유럽과 달리 맥주 양조업자들의 자체 길드가 없었다. 양조장 주인들은 다른 상인들처럼 대규모 길드에 소속된 조합원이었고, 모두 독일어를 사용했다. 그러나 주로 중간 계층인 수공업자들이 만든 소규모 길드에는 독일어를 사용하는 조합원과 에스토니아 모국어를 쓰는 조합원이 함께 있었다.

16세기 중반부터 리보니아기사단*의 힘이 약해지면서 도시의 패권도 여러 손을 오갔다. 타르투는 1558년부터 잠깐 러시아의 지배를 받았지만, 1582년 폴란드에 넘어갔다가 1625년부터는 스웨덴의 지배를 받았다. 새로운 통치자들은 기존의 양조 권리를 인정하는 선에서 조금씩 나름의 수정안을 추가했다.

1708년 타르투는 북방전쟁** 중에 잿더미가 되었고, 원래 모습을 되찾기까지 오랜 세월이 걸렸다. 최종 평화 조약 체결을 앞둔 1717년 타르투를 차지한 표트르 대제는 지금까지의 맥주 양조 및 판매의 독점권이 유효하다고 공표했다. 그러나 소규모 길드들이 이에 동의하지 않았다. 러시아 점령군이 아직 떠나지 않은 데다 정식 정부가 들어서지 않은 상태였으므로 일부 길드 조합원은 요행을 바라며 몰래 맥주를 양조했다. 당연히 양쪽 길드 사이에 분쟁이 일었고 심한 경

---

* 리보니아는 현재 라트비아와 에스토니아 두 공화국이 차지하는 지역을 이른다. 리보니아기사단(Livonian Orden)은 리보니아에 사는 이교도를 대상으로 성전(聖戰) 및 침략 전쟁을 수행해 기독교로 강제 개종시키고자 설립한 십자군 기사단이다. '검의 형제 기사단', '검기사단'으로도 불렀다.

** 1700~1721년까지 러시아의 표트르 대제가 발트해 연안 지방의 지배권을 놓고 덴마크, 폴란드, 프로이센 및 하노버와 결탁하여 스웨덴의 칼 12세와 벌인 전쟁. 러시아가 승리하여 1721년에 뉘스타드조약을 맺었다. 이 조약으로 러시아는 발트해 동남안을 영유하고 서방 진출의 근거를 마련했다.

우 몸싸움도 벌어졌으나 임시 정부는 일절 관여하지 않았다. 1721년 러시아와 스웨덴이 북방전쟁을 끝내기 위해 뉘스타드조약을 체결하면서 타르투가 정식으로 러시아제국에 편입되었으나 갈등은 여전했다. 그해 러시아제국 고등법원이 판결을 내리기는 했지만, 여러 가지 해석이 가능해 양쪽 길드의 권리를 명확하게 규제하지 못했다. 그 결과, 불만과 알력의 소용돌이가 시작되었고 그 상태는 수십 년 동안 지속되었다.

마침내 1782년 고등법원은 양쪽 길드 모두의 양조 특권을 인정하지 않는다는 판결을 내렸다. 그러나 양조를 만인에게 허용한 것은 아니었고, 새로운 기관에 독점권을 선사했다. 예카테리나 여제가 타르투에 새로운 양조 회사를 설립하여 도시 전체의 맥주 양조를 담당하라는 명령을 내린 것이다. 실질적인 조치는 에스토니아와 리보니아의 총독이던 아일랜드 출신의 조지 폰 브라운이 맡았다. 그는 20여 년 전에 설립된 발트해 항구 도시 리가의 양조 회사를 모델로 삼아 일을 추진했다.

이렇게 설립된 타르투 양조 회사는 맥주를 둘러싼 길드 간 분쟁을 종식했을 뿐 아니라 빈민 구제에도 크게 기여했다. 사망한 길드 조합원의 아내나 자녀, 아무 잘못 없이 빈민이 된 길드 조합원에게만 이 회사에 들어올 자격을 주었다. 직원은 회사의 주인인 동시에 고용인이었다. 이런 방법으로 다른 수입이 없는 길드 조합원의 가족에게 먹고살 길을 열어 준 것이다. 또, 양조 회사가 분쟁의 씨앗이 되지 않도록 양쪽 길드에서 똑같은 수의 조합원을 뽑는다는 규정도 마련했다.

화약고를 개조한 타르투의 펍. 예카테리나 여제 통치 시절에 지은 성채로, 처음에는 화약고로
사용하다가 1809년 맥주 저장고로 개조했고, 지금은 펍이 되었다. 세계에서 천장이 가장 높은 펍으로
기네스북에 올랐다. ⓒBernt Rostad(Flickr)

그렇게 몇십 년이 흐르는 동안 타르투는 차츰 북방전쟁의 상흔을 지워나갔다. 주민 수가 4천 명에 육박해 맥주 수요도 충분했다. 염장이나 건조식품을 많이 먹는 식습관도 맥주 소비에 한몫했다. 지금의 기준으로 보면 18세기의 맥주 소비량은 실로 엄청났다. 18세기 초 타르투의 문서들을 보면 남녀를 막론하고 시민 한 사람의 하루 맥주 소비량이 한 단지2.6리터였다. 병사들은 하루 한 단지를 배급받았고, 일요일이면 모든 기독교 신자가 맥주 두 단지를 마실 수 있었다. 그러나 이 가운데 상당량은 집에서 빚은 맥주거나 맥아 음료였을 것이다. 1780년대 양조 회사의 1년 생산량은 기껏해야 주민 한 명당 200리터로, 하루 0.5리터 정도밖에는 안 되었다.

어쨌든 출발은 전도유망했다. 회사는 시에서 대출을 받아 시청과 지척인 에마외기 강변에 큰 양조장을 지었다. 또 양조 독점권은 물론이고 타르투의 술집에 맥주를 독점적으로 공급하는 독점 판매권도 얻어냈다. 회사가 술집을 직접 운영하지는 않았지만, 영업권을 대여하고 맥주를 공급해 수익을 낸 것이다. 18세기 말 타르투에는 60여곳의 맥줏집이 있었던 것으로 추정된다.

회사 조직은 오늘날의 협동조합과 유사했다. 운영 목적도 이익 극대화가 아니라 조합원의 생계 보장이었다. 대표는 두 사람으로, 양쪽 길드에서 각기 한 명씩 장인을 선출해 임명하는 방식이었다. 회사는 맥주 제조와 판매를 담당하는 직원에게 임금을 지급했다. 제반 비용과 대출금, 세금을 제하고 남는 이익금은 조합원에게 분배했다. 다른 일을 하겠다고 회사를 떠나는 조합원은 자신의 출자금을 되돌려 받왔다. 그리고 그 사람 대신 들어온 새 조합원은 첫해의 임금으로 조금씩 지분을 사들였다.

18세기 말에는 리가, 페르누, 탈린 등 발트해 연안의 다른 도시에서도 가난한 사람들에게 맥주 양조권을 주었다. 사실 이들과 같은 방식의 사회적 기업은 역사적으로 유례가 드물다.

그러나 양조의 역사를 살펴보면 곳곳에서 여성들을 만날 수 있다. 에스토니아도 유럽 다른 지역과 다르지 않아서 여성이 수백 년 동안 집에서 마실 맥주를 직접 만들었다. 양조장 주인이 사망하면 아내가 사업을 이어가는 경우도 드물지 않았다. 중세나 근대에는 독립적인 미혼 여성이 양조장을 운영한 사례도 적지 않다. 하지만 이 여성들이 남성과 동등한 대우를 받은 것 같지는 않다. 1599년 뮌헨 시청에는 양조장 주인의 미망인에게 양조권 상속을 허용해서는 안 된다는 청원이 들어왔다. 여자는 맥주 양조의 고귀한 기술을 배울 능력이 없다는 것이 그 이유였다. 물론 이 청원은 받아들여지지 않았다. 영국에서는 일명 '맥주녀'들이 만든 맥주는 품질이 떨어진다는 비방이 자주 등장했다. 영국 도덕론자들은 술집 여주인이 남자들을 알코올 중독의 길로 유혹한다고 열을 올리기도 했다.

타르투에도 문제가 없지 않았다. 양조 회사는 문을 연 지 몇 해 만에 매출이 감소했다. 품질이 떨어진다는 소문이 돌자 부자들은 시골의 양조장에 가서 맥주를 사왔다. 폴란드의 지배를 받던 시절부터 시골 귀족들에게는 맥주 양조 권리가 있었다. 그런 시골 맥주는 타르투와 인근 지역에서는 판매가 금지되었지만, 타르투에서 반경 몇 마일 안에 양조장을 갖춘 농장이 여러 곳 있어서 그곳에 가면 얼마든지 맥주를 살 수 있었다. 양조 회사 미망인들은 수입이 줄었고 도시는 세수가 줄었다. 타르투의 술집들도 고객의 입맛에 맞추느라 양조회사의 맥주를 거부했다. 하지만 규정상 다른 맥주는 팔 수 없었기 때문에 차라리 보드카를 파는 것으로 방향을 바꾸었다.

1796년 예카테리나 여제의 아들 파벨 1세가 러시아 황제로 즉위했다. 그는 어머니가 1783년에 실시한 개혁 조치들을 역행하는 방향으로 리보니아와 발트해 연안 지역의 통치 방식을 바꾸었다. 타르투 시의회로서는 10년도 넘은 양조 회사를 조심스럽게 처리할 수 있는 절호의 기회였다. 그렇지만 시 정부에 세수를 보장하고 시민에게 질 좋은 맥주를 공급하기 위해 과부와 고아들을 외면하자고 제안하고 나설 사람은 없었다.

결국, 고심 끝에 찾은 해결책이 양조권을 대여하는 것이었다. 방식은 과거의 영업권 대여와 같았다. 형식적으로는 회사에 양조 독점권이 있었지만, 개인 기업에 그 권리를 대여할 수 있었다. 사업은 번창했다. 타르투시에 여러 곳의 민영 양조장이 설립되었고 모두가 맥주 품질에 만족했다. 임대 수입은 과부와 고아들에게 지급되었다. 또 이들은 직접 맥주를 양조할 필요가 없어졌으므로 다른 일을 할 수도 있었다. 누가 봐도 성공적인 시스템이었다. 어쨌든 조직 개편으로 인해 굶어 죽은 빈민이 생겼다는 공식적인 기록은 없다. 이렇게 맥주가 벌어들인 돈은 1820년까지 양조 회사를 거쳐 빈민 구제책으로 도시 빈민에게 지급되었다.

A. 르꼬끄 포터

A. Le Coq Porter　　타르투(에스토니아)

유형	포터	
알코올 함량	6.5%	
비중	14.6°P	
쓴맛	16 EBU	
색상	54.7 EBC	

1807년 알베르 르꼬끄Le Coq, Albert는 런던에 자신의 이름을 딴 회사를 설립했고, 포도주와 맥주를 제조해 판매했다. 특히 르꼬끄 양조회사가 런던 양조장에서 러시아로 수출하던 독한 에일 흑맥주가 인기를 끌었다. 1869년 발트해에서 침몰한 증기선 올리비아호가 1974년에 노르웨이 잠수부들에게 발견되었는데, 그 화물 중 러시아로 향하던 르꼬끄 포터가 있었다.

러시아가 자국 맥주를 보호하기 위해 수입 관세를 매기자 르꼬끄 양조회사는 20세기 초 상트페테르부르크로 사업을 확장했다. 1912년 타르투의 티볼리 양조장을 매입해 러시아 영토에서 포터 맥주를 생산하기 시작한 것이다. 같은 해 르꼬끄 양조회사는 '황궁 맥주 납품 업체'라는 명예로운 타이틀도 획득했다. 소련의 점령으로 르꼬끄 양조회사도 국유화되었지만, 에스토니아가 독립하면서 다시 민영화했고, 1997년에는 핀란드 올비Olvi 양조회사가 새 주인이 되었다.

'A. 르꼬끄 포터'는 200년의 역사를 자랑하는 포터 제조업체의 전통을 이어간다. 엄선한 검은색 특수 맥아로 제조해 진갈색을 띠고, 거품이 치밀하다. 부드럽고 달콤한 맛이 나며 로스팅 아로마와 과일, 커피의 맛도 느낄 수 있다.

시인 루네베리에 따르면 산델스의 식탁에는 늘 음식과 술이 풍성했다고 한다.
알베르트 에델펠트 작.

8
미식가 장교

....

요한 아우구스트 산델스Sandels, Johan August: 1764~1831는 스웨덴에 승리를 안겨준 위대한 사령관으로 역사에 기록되었지만, 그 못지않게 맛있는 음식과 술을 즐겼던 대단한 미식가로도 유명하다. 배가 고프거나 목이 마를 때는 절대 중요한 결정을 내리지 않았으니 나폴레옹과 프리드리히 대제의 입에서 나왔다고 잘못 알려진, '군대는 배를 채워야 행군한다'는 명언을 나름대로 실천한 인물이라 하겠다.

산델스는 1764년 8월 31일 스톡홀름에서 태어났다. 당시 대학 교육을 받은 식자층 집안에는 성직자가 많았는데, 산델스의 가문도 예외가 아니었다. 식자층이 유난히 신앙심이 깊어서가 아니라 대학에 입학하면 신학부터 배워야 하는 오랜 전통 때문이었다. 신학 공부가 끝나야 진짜 관심 있는 분야를 공부할 수 있었던 것이다. 그러다 보니 기왕에 신학 공부를 한 김에 서품까지 받는 사람이 적지 않았고, 발명가나 학자 중에도 공식적인 직업이 성직자인 사람이 많았다.

'스털링 엔진'을 발명한 스코틀랜드의 로버트 스털링과 유명한 핀란드 경제학자 안데르스 쉐데니우스도 목사였다. 덧붙이자면, 쉐데니우스는 자국의 아편 생산을 옹호한 것으로도 유명하다.

대학에 가는 것 말고 상류층 자제가 출세할 수 있는 또 하나의 길이 사관학교였다. 초등 교육을 이수한 사내아이 중에서 군인이 되고 싶은 아이들이 기숙학교인 사관학교에 들어갔다. 그곳에서는 군사 과목 이외에 수학, 물리학, 지리, 프랑스어, 음악 등을 가르쳤고 예의범절과 궁중 예법도 수업 시간표에 올라 있었다.

산델스는 열한 살 되던 해인 1775년 스톡홀름 사관학교에 입학해 몇 년 후 포병 소위로 졸업했다. 그는 젊은 시절부터 음식과 술과 사교 생활을 좋아하고 도박을 즐기기로 정평이 나 있었다. 하지만 도박에 미치다보니 이런저런 문제가 안 생길 수 없었다. 결국, 1785년에 월급으로는 도저히 빚을 감당할 수 없는 지경에 이르러 스웨덴 제국의 먼 동부 변방인 핀란드로 좌천되고 말았다.

그러나 산델스는 금세 핀란드 생활에 적응했다. 2년 후 소령으로 진급한 산델스는 러시아-스웨덴전쟁1788~1790에서 600명의 용기병 대대를 진두지휘해 승리로 이끌었다. 그 덕분에 전쟁이 막바지에 이를 무렵에는 카렐리야 용기병 대대의 중령으로 승진했다.

소탈하고 서민적인 성격이 아니었음에도 병사들이 산델스를 믿고 따른 이유는 그가 군 지휘관으로서 꼭 필요한 세 가지 자질을 갖추었기 때문이다. 첫째, 그는 부지런하고 근면했다. 둘째, 무슨 일이 있어도 전장에서는 침착함을 잃지 않았다. 셋째, 칭찬과 상에 인색하지 않았다. 물론 그도 안락한 생활을 좋아했다. 그러나 훗날 레닌그라드에서 바실리 추이코프가, 라이베리아에서 에르빈 롬멜이 그랬듯 격전이 벌어지면 최전선으로 달려나가 물 한 잔으로, 그마저도 없을 때는 눈을 녹여 먹으며 며칠씩 병사들과 함께 버텼다. 이런 사령관을 부하들이 믿고 따르는 것은 당연한 일이었을 것이다. 1799년 산델스는 대령으로 승진했고, 1803년에는 사보 '예거 부대'**의 대장이 되었다.

당시 유럽은 지역별로 국토 방어 체계를 갖추는 것이 일반적이었다. 18세기 스웨덴의 경우 보병 체계의 최소 단위는 로테Rotte***였다. 장교나 하급 장교가 방어 지역의 근무지에 상주하면서 토지 면적에 따라 정해진 수의 주민을 병사로 징집했다. 군비에 소요될 경작지의 면적은 중앙 부서인 스톡홀름의 재무부에서 계산했다. 핀란드는 농가의 규모가 작았기 때문에 한 농가가 병사 한 명을 온전히 책임지는 경우는 드물었다. 산델스의 방어 지역은 거의 사보 지역 전체를 아울렀는데 평균 네다섯 농가가 병사 한 명을 책임졌다. 다시 말해, 네다섯 농가에서 병사 한 명을 내고, 그 병사가 거주할 판잣집과 그가 쓸

---

*　핀란드의 역사적 지역으로 현재의 핀란드 동부에 있다. 스웨덴어 이름인 사볼락스(Savolax), 영어 이름인 사보니아(Savonia)라고 부르기도 한다.

**　사냥꾼이라는 뜻으로, 핀란드의 전통적인 정예 보병 부대이다.

***　로테는 8~12명의 보병으로 구성되며, 이런 로테가 여러 개 모이면 펜라인(스웨덴어로는 패니카)이 된다. 한 개의 펜라인은 400여 명의 보병으로 이루어진다.

군장을 제공한 것이다. 실제로는 1년에 몇 번의 일요일이 고작이었지만, 어쨌든 병사들은 정해진 날짜에 모여 부사관이나 하급 장교의 지도를 받으며 제식이나 사격, 기타 '전술' 훈련을 받았다. 가끔은 장교가 직접 지휘봉을 들고 중대나 대대 차원의 대규모 기동 훈련을 하기도 했다.

　나폴레옹전쟁이 유럽을 초토화했던 19세기에는 모두가 스웨덴 보병 부대를 '일요일 군인들'이라고 부르며 놀렸다. 산델스도 이 징집 체계의 문제점을 익히 알았다. 장교의 급여가 주둔지의 소득에서 나왔기 때문에 많은 장교가 군사 훈련이나 방어 대비책보다 농사에 더 관심을 두곤 했다. 병사들도 감자나 순무 농사에 여념이 없었고, 기회가 되면 다른 일자리를 찾아다녔다. 게다가 농부들이 가장 일 잘하는 농노를 병사로 내놓을 리 만무했다. 규정에 따르면 병사는 40세 이하의 성년으로 징병 검사에 합격해야 했다. 그러나 전쟁을 할 마음이 없었던 스웨덴 정부는 이런 규정을 엄격히 적용하지 않았다. 핀란드 국민시인 요한 루드비그 루네베리Runeberg, Johan Ludvig: 1804~1877의 시 〈젊은 병사〉에 한 젊은이가 자신의 아버지 이야기를 하면서 "아버지는 열다섯 살에 입대했다"고 말하는 대목이 있다. 실제로 1808년 2월 임박한 러시아의 공격에 대비해 징집했을 때 최연소 보병 병사의 나이가 채 열다섯 살이 못 되었다. 그뿐 아니라 60세 노인도, 애꾸눈도, 병색이 완연한 환자도, 나무 의족을 짚고 절뚝거리는 장애인도 부적격 판정을 받는 일이 거의 없었다. 그러나 스웨덴군은 이런 부족한 병력을 지역 실정과 지형에 대한 지식으로 상쇄했다. 산델스 역시

산델스와 사보 예거 부대가 스웨덴 전쟁사에 길이 남을 승리를 기록하며 지켜낸 비아포리(수오멘린나) 요새. 세계에서 가장 큰 바다 요새 중 하나다.

이 분야에서 탁월한 재능을 발휘해 상황이 가장 유리할 때를 정확히 골라 부대를 출동시켰다.

1808년 2월 21일 러시아가 핀란드를 공격했다. 이미 전운이 짙었음에도 핀란드군은 러시아의 공격을 받고 큰 충격에 빠졌다. 겨울에 전쟁 치를 준비를 전혀 해놓지 않았기 때문이다. 스웨덴 사령부에서는 후퇴 전략을 택했다. 다만 남부 해안의 스바톨름과 비아포리 요새 오늘날의 수오멘린나 요새는 무슨 수를 쓰더라도 지켜 내기로 했다. 두 요새를 제외하고는 무조건 전투를 회피해 적군의 힘을 분산시키자는 작전이었다. 그러면 적군의 대형이 점점 더 길어질 터였고, 러시아군이 후방과의 연락을 확보하려면 아무래도 힘이 분산될 것이기 때문이었다. 사보 전선의 부대에도 올룰리시 외곽까지 후퇴하라는 명령이 떨어졌다. 4월에는 사보의 예거 부대 중에서 차출해 제5 여단을 꾸렸고, 요한 아우구스트 산델스가 여단장으로 임명되었다.

제5 여단은 다른 부대와 함께 1808년 5월에 반격을 개시했다. 이후 다섯 달 동안 산델스와 사보 예거 부대는 스웨덴 전쟁사에 길이 남을 찬란한 승리를 거두었다.

산델스는 고집이 세고 거만했다. 상사들도, 부하들도 대하기 쉬운 인물이 아니었다. 그리고 필요 이상으로 음식과 술에 집착한 것도 사실이었다. 그러나 그는 휘하의 군사들과 장교들을 잘 지휘해 코사크족과 러시아 보병을 무찔러 혁혁한 공을 세웠다.

제5 여단의 첫 승리는 5월 2일 풀킬라전투였다. 러시아군의 보급품을 빼앗은 산델스는 잭팟jackpot을 노렸다. 쿠오피오에 있는 러시아군의 대형 보급 기지를 점령하기로 계획한 것이다. 여단장이 직접 나서 편안한 병영 생활을 포기하고 빈약한 군 보급품과 수면 부족, 힘든 행군을 감수했다. 눈이 녹아 질척거리는, 길도 아닌 길을 불과 일주일 만에 무려 200킬로미터나 걸었다는 사실만으로도 대단한 일이었다. 그런데 쿠오피오 출신의 말름 대위가 이끈 150명의 정예 부대는 이런 고단한 행군을 마치고도 한밤에 쿠오피오 보급 기지를 급습했다. 밀 1천200통, 밀가루 1천여 부대, 8천500킬로그램의 염장 고기, 85톤의 말 사료가 산델스 여단의 손에 들어왔다. 음식 맛을 돋워

줄 맥주도 빠지지 않았다. 핀란드에서는 길드의 맥주 양조 독점권이 1776년에 폐지되었기에 당시에는 쿠오피오에도 여러 곳의 양조장이 있었다. 당연히 맥주도 부족하지 않을 만큼 풍부했을 것이다.

혜안이 있었던 산델스는 식량과 술, 무기를 빼앗은 즉시 방어하기 더 쉬운 위치였던 칼라베시 호수의 북쪽 연안에 있는 토이발라로 이송했다. 제5여단의 선봉대가 100킬로미터 이상 남쪽으로 밀고 내려가서 요로이넨까지 진군했지만, 러시아군의 병력이 보강되면서 스웨덴군은 퇴각할 수밖에 없었다. 6월 말이 되자 산델스는 휘하 모든 부대를 쿠오피오에서 토이발라로 퇴각시켰다. 수면 넓이가 3제곱킬로미터나 되는 켈로셀카 호수가 가로막고 있어 러시아군이 쉽게 들어올 수 없었고, 식량도 최소 3개월은 버틸 만큼 넉넉했기 때문이다. 당연히 병사들이 잘 먹고 잘 마시면서 작전 지역을 사수할 수 있었다.

핀란드 전선에서 마주한 양쪽 군의 장교들은 대륙의 전쟁 방식을 배운 사람들이었다. 장기판처럼 넓은 평원에 몇백 명의 대대를 최소 단위로 삼아 장기 말처럼 배치한 후 전투를 하는 방식이었다. 넓은 평야가 많은 중부 유럽에서는 당시까지도 시대에 맞는 전투 방식이었지만, 사보 전선의 상황은 그렇지 않았다. 폴란드 출신 러시아 기병 장교 파데이 불가린은 그곳의 지형을 공포와 경외가 섞인 말로 이렇게 묘사했다. "핀란드에는 엄청나게 많은 호수와 바위가 있다. 그런데 그 바위들이 첩첩이 쌓인 돌처럼 엄청나게 높아서 도무지 넘어갈 수가 없다. 바위 사이의 작은 계곡에도 돌무더기와 화강암 덩어리가 널려 있는 데다 그 틈으로 세찬 시냇물이나 작은 강이 흐르는데,

이것들이 이 호수에서 저 호수로 이어져 있다. 그것도 모자라 계곡마다 울창한 숲이 우거졌다."

당연히 그런 곳에서 전선 공격이나 기병 전술 같은 전통적인 병술이 통할 리 없었다. 그 사이 핀란드 동부의 지형과 상황에 훤해진 산델스는 하파니에미의 사관학교에서 개발한 '자유 전투' 전술을 능수능란하게 활용했다. 예를 들어 그는 소규모 저격병 정찰대를 파견해 적군의 측면을 공격하게 함으로써 러시아군의 진격을 막았다. 앞서 언급한 불가린은 특히 사보의 농부들을 저주하면서 그들을 '길도 없는 땅에서 가장 위험한 적'이라고 불렀다. "도로에서 백 걸음만 벗어나도 총알이 날아오기 때문에 …… 도무지 지형을 파악할 수가 없었다"고 말이다.

그러나 정작 러시아군을 괴롭힌 문제는 저격병이 아니라 보급품이었다. 표트르 대제 시대에는 병사에게 식량과 더불어 하루 3.2리터의 맥주를 지급하라는 규정이 있었지만, 이는 꿈에서나 가능한 일이었다. 러시아군은 주린 배를 안고 싸워야했고, 상트페테르부르크에서 보급받는 맥주 역시 거의 기대할 수 없었다. 안 그래도 물자가 귀한 마당에 스웨덴군이 러시아군의 보급품을 약탈하는 일까지 빈번해지면서 상황은 더욱 어려워졌다. 스웨덴군은 러시아의 곡물과 술을 가져갈 수 있는 양 만큼 챙긴 다음, 남은 것은 호수에 던져버렸다. 그러다 보니 러시아군으로서는 식량을 현지에서 조달하는 수밖에 도리가 없었다. 불가린은 병사들이 빵과 우유, 말리거나 염장한 생선은 물론 순한 맥주까지 마을에서 얻었다고 기록했다.

양쪽 전선의 장교들은 똑같이 프랑스 궁정의 예법을 지켰다. 프랑스혁명과 공화제의 이상도 아직 그들의 생각을 바꾸지 못했다. 신분에 따른 대우의 차이도 여전했다. 그러나 산델스가 공격을 개시하던 5월과 6월에는 사보 전선의 러시아 장교들이 신분에 걸맞은 생활을 유지할 수 없었다. 따라서 러시아 장교들은 쿠오피오로 후퇴하라는 명령에 오히려 환호성을 울렸다. 보급품은 모두 잃었지만, 산델스가 쿠오피오의 모든 식량 창고를 다 털어먹은 것은 아니었기 때문이다. 불가린의 기록을 보면 그가 묵었던 한 상인의 집에는 음식이 그득했고 커피와 포도주, 펀치punch* 등 마실 것도 풍성했다. 그의 기록에서 맥주가 빠진 것은 이 러시아 장교의 예법에 맥주가 맞지 않았기 때문인 것 같다.

산델스의 부대가 진을 치고 있던 1마일 밖의 토이발라는 상황이 훨씬 좋았다. 장교들이 마시는 외국산 술이 창고에 넉넉했다. 그런데도 산델스는 병사들이 마시는 맥주를 마셨다. 사보의 예거 부대가 그를 믿고 따랐던 데는 이런 사실도 한몫했을 것이다. 사령관도 자신들과 같은 사람이며 같은 술을 마신다는 생각에 신뢰가 더욱 깊어졌을 것이다. 군 보급 식량은 보존 기간을 늘리기 위해 소금을 많이 넣기 때문에 먹고 나면 당연히 목이 말랐다. 따라서 스웨덴군이 정한 병사 한 명당 하루 맥주 공급량은 최소 한 단지2.5리터였다.

호수가 지천으로 깔린 나라에서도 이렇듯 병사들에게 맥주를 지

* 과일즙에 설탕, 양주 따위를 섞은 음료.

급했다. 물론 농가에서 요구르트를 사먹을 수도 있었지만, 최고 사령부조차 맥주를 권장했다. 1655년 스웨덴 전쟁위원회가 구스타브 호른 원수에게 보낸 편지를 보면 중요한 사항이 모두 언급되어 있다. "병사들에게는 맥주를 충분히 지급하거나 맥주 사 마실 돈을 지급해야합니다. 그래야 물을 마시고 병에 걸려 몸이 쇠약해져서 황제께 누를 끼치는 일이 없을 것입니다." 핀란드전쟁1808~1809 때도 상황은 마찬가지였다. 수백 명의 병사가 몇 주 동안 강변에 진을 치고 볼일을 보았으니 어떻게 호숫물이 깨끗하기를 기대하겠는가. 1808년 9월에 식량과 맥주가 떨어지자 먹는 것이 시원찮은 병사들의 면역력이 떨어지면서 전염병이 발생했다. 특히 오염된 강물을 통해 전염된 이질이 많은 병사의 목숨을 앗아갔다. 그래서 핀란드전쟁에서는 부상으로 사망한 병사보다 병으로 사망한 병사의 수가 더 많았다.

스웨덴 주력군이 핀란드 서부에서 참패하자 산델스의 부대도 9월 말에는 토이발라를 버리고 후퇴할 수밖에 없었다. 10월 27일 임시 휴전이 종료되자 산델스는 2~3천 명의 병력을 이끌고 이살미의 콜욘비르타 강변으로 나가 투츠코프 장군이 이끄는 6천 명의 러시아군과 맞서 싸웠다. 수적 열세에도 산델스의 부대는 러시아군을 물리쳤지만, 그의 승리가 전쟁의 향방을 바꾸지는 못했다. 포흐얀마에서 스웨덴 주력군이 패배하자 사보의 예거 부대도 어쩔 수 없이 오울루 방향으로 퇴각했다.

핀란드의 국민시인 루네베리는 콜욘비르타전투와 관련해 세 편의 시를 썼다. 그중 한 편이 산델스의 이야기다.

술과 음식을 좋아한 산델스의
초상화가 담긴 맥주 라벨.

그는 파르탈라에서 조용히 아침을 먹고 있었다. 열두 시가 되자 러시아군이 다시 나타나 다리로 몰려왔다. 산델스는 같이 식사하던 목사에게 마데이라 와인과 거위, 소스, 송아지 등을 더 드시라고 권했다. 전선에서 대포 소리와 총소리가 울려 퍼지자 한 소위가 달려 들어와 그에게 물었다. "어떻게 할까요? 지시를 내려주십시오." 그러자 산델스가 대답했다. "그래. 자네도 여기 앉아서 같이 식사하세나. 이봐, 여기 식기 한 벌 내와! 싱싱할 때 어서 먹게. 식사를 마치면 술도 한 잔 들고."

이 시에서 언급한 식탁에는 송어와 핀란드 동부에 호수가 많다 보니 송어는 전혀 사치품이 아니었다. 소스, 거위와 송아지밖에 오르지 않았지만, 어쨌든 시인 루네베리는 미식가 산델스의 이미지를 국민의 뇌리에 깊이 아로새겼다.

파르탈라에서 산델스가 숙소로 손님을 불러 접대했다는 역사적 기록은 없다. 하지만 귀한 손님을 대접할 때는 분명 앞에서 루네베리가 언급한 술들을 내놓았을 것이다. 당시에는 군 보급품을 지급할 때 장교들이 마실 술을 매우 중요하게 생각했기 때문이다. 예를 들어 갤리선* 피라 브뢰더호는 1808년 8월, 전장에 술을 보급하기 위해 포트와인과 보르도를 싣고 스웨덴과 핀란드 사이에 있는 보트니아 만을 건너기도 했다.

하지만 산델스가 식탐을 자제하지 못했고 스웨덴과 러시아의 시차를 깜빡 잊어서 전투를 늦게 개시했다는 루네베리의 말은 전혀 근거가 없다. 러시아 시각으로 지금이 몇 시인지, 임시 휴전 종료 시각이 몇 시인지 산델스는 정확히 알고 있었다. 전투 초반에 그가 최전선으로 나서지 않은 것은 전술의 일부였다. 러시아 선봉대가 다리를 건너올 때를 기다렸다가 반격을 개시한 것이다. 물론 아침식사도 제때에 마친 상태였다.

콜욘비르타에서 승리를 거두고 퇴각할 때도 산델스는 또 한 번 뛰어난 적응력을 보였다. 신분에 어울리는 식사가 불가능했으므로 그 역시 병사들과 똑같은 음식을 먹고 마셨던 것이다. 당시의 기록을 보면 산델스는 먹을 수 없을 때는 병사들과 똑같이 굶었고, 먹을 수 있을 때도 병사들과 똑같이 삼시 세끼를 물에 끓인 죽으로 때웠다.

그러나 재미있게도 핀란드전쟁에서 산델스가 마지막으로 등장한

---

* 고대, 중세에 지중해에서 쓰던 배의 하나. 양쪽 뱃전에 아래위 두 줄로 노가 많이 달렸는데, 전쟁 때에는 무장하여 병선(兵船)으로 썼다.

스톡홀름 중심가에 자리 잡은 클라라 교회. 이곳에 산델스의 묘비가 있다.

장면은 식사 자리다. 1809년 7월 5일 그는 스웨덴군의 남은 병력이 집결한 우메오 근처에서 장교들을 저녁식사에 초대했다. 유리잔이 쨍그랑 부딪히고 은 식기가 고급 도자기에 닿아 달그락거렸다. 그런데 갑자기 사신이 들어와 러시아군의 공격 소식을 전하자 산델스는 격노했다. 그가 제일 싫어하는 것이 바로 식사하다가 도중에 중단하는 것이었으니 말이다. 그러나 조국이 그를 불렀다. 회르네포르스전투는 스웨덴의 패배로 끝났고, 산델스가 먹다 남긴 저녁식사는 러시아 장교들의 아침식사가 되었다. 루네베리의 시 〈산델스〉에 나오는 파르탈라의 식사 장면은 러시아군의 공격으로 중단된 이 회르네포르스의 식사에서 영감을 얻은 것이었을지도 모르겠다.

핀란드전쟁이 끝난 후에도 산델스는 출세 가도를 달렸다. 1813년에는 라이프치히전투에서 나폴레옹의 군대와 맞서 싸웠고, 스웨덴 전쟁위원회 회장에 임명되었으며, 1818~1827년에는 노르웨이 총독으로 재임했다. 1824년에는 육군 원수로 임명되었는데, 스웨덴 사람으로서는 마지막으로 이 직함을 받은 인물이었다. 1831년 67세의 나이로 스톡홀름에서 사망한 산델스는 특히 영국 군사 사학자들에게 북유럽 최고의 전술가로 추앙받는다.

전쟁사에 관심이 있거나 맛난 음식과 맥주를 좋아한다면 스톡홀름 중심가의 클라라 교회에 한번 가보시라. 그의 묘비를 만나볼 수 있을 것이다.

올비 산델스

Olvi Sandels 이살미(핀란드)

유형	라거	
알코올 함량	4.7%	
비중	10.6°P	
쓴맛	15 EBU	●●
색상	8 EBC	●

1878년에 세워진 이살미의 양조장 올비는 알코올 중독을 예방하려는 소망의 열매였다. 양조 장인 아베르그Åberg, William Gideon와 그의 아내 온니Onni가 독한 보드카를 대신할 약한 술을 공급하고자 설립한 양조장이었으니 말이다. 그들이 올비 양조장을 세울 당시 핀란드에는 78곳의 양조장이 성업 중이었다. 그러나 지금껏 외국 기업에 인수되지 않고 남은 핀란드 기업은 올비 한 곳뿐이다.

올비 양조장은 산델스가 승리를 거둔 격전지 콜욘비르타강에서 남쪽으로 불과 5킬로미터 떨어진 곳에 있다. 1973년 올비 양조장은 처음으로 산델스 맥주를 선보였다. 양조장이 내건 슬로건은 '최고를 먹고 마시는' 자리에 어울리는 맥주였다.

'올비 산델스'는 핀란드의 보리, 독일의 비터 홉, 체코의 아로마 홉을 재료로, 낮은 온도에서 천천히 숙성시킨 부드러운 라거맥주다. 색깔은 황금빛이고 미디움 바디의 질감에 약한 홉맛이 섞인 부드러운 맛이 자랑이다. 병 뒷면 라벨에는 맛난 음식과 술을 아꼈던 산델스 대령의 짧은 일화가 소개되어 있다.

1835년에 개통한 독일 최초의 철도는 뉘른베르크와 퓌르트 구간을 달렸다.

9
철로를 달린
맥주 두 통

....

증기력을 이용하는 교통수단은 19세기 초 영국에서 처음으로 선보였다. 영국의 철도 기술자 로버트 스티븐슨이 탈선, 기계 손상, 과도한 연료 사용 등 철도의 초기 문제들을 해결하자 1820년대와 1830년대에는 유럽 대륙에서도 철도에 대한 관심이 높아졌다. 1835년에는 독일에서도 뉘른베르크와 퓌르트를 연결하는 최초의 철도를 개통했다. 철도는 여객 수송 이외에도 중요한 국가 과업을 이루었으니, 바로 원활한 물자 수송이었다. 철도가 놓인 위치가 바이에른 주였던 까닭에 최초의 철도 화물은 당연히 국민의 술 맥주였다.

뉘른베르크에서 퓌르트까지 거리는 채 10킬로미터가 못 된다. 이두 지역은 지금은 통합되어 인구 350만 명의 대도시가 되었지만, 19세기 초에는 정체성도 사회 조직도 다른 별개의 도시였다. 인구가 1만 5천 명이 채 안 되는 퓌르트는 이제 막 산업 도시로 변신을 시작한 전통적인 농촌의 중심지였다. 반면에 면적이 퓌르트의 세 배가 넘는 뉘른베르크는 시민과 식자층의 도시였다. 16세기까지만 해도 알프스 북쪽의 선도적인 유럽 무역 도시 가운데 한 곳으로 독일 르네상스의 중심이었는데, 17~18세기가 되면서 서서히 쇠락의 길을 걸었다. 에스파냐, 포르투갈, 네덜란드가 신항로를 발견하면서 국제 무역의 거점이 대서양 연안으로 이동하자 큰 강을 끼지 않은 뉘른베르크 역시 무역로에서 배제되고 만 탓이다. 게다가 독일 자체가 소국으로 잘게 쪼개져서 관세 국경이 많았던지라 더욱 무역에 불리했다. 그러니 뉘른베르크가 새로운 교통로에 무조건적인 관심을 보인 것은 당연한 일이라 하겠다. 뉘른베르크 시민들은 1820년대부터 철도 건설을 고민했고, 바이에른 궁정도 철도에 큰 관심을 보였다.

바이에른의 루트비히 1세Ludwig I: 1786~1868는 내륙 국가였던 자국의 교통로 개선에 관심이 많은 진보적인 군주였다. 그래서 마인강과 도나우강을 연결하면서 뉘른베르크를 지나가는 운하를 구상하기도 했다. 그렇게 되면 북해에서 출발해 라인강과 마인강을 지나 흑해로 이어지는 뱃길이 가능해질 테니 말이다. 하지만 증기력의 개선 행렬이 이어지면서 바이에른에 철도 교통을 도입하는 일이 더 시급한 현안으로 떠올랐다. 1828년 루트비히 1세는 뉘른베르크와 퓌르트를 연결하는 철로를 건설하라고 명령했다.

그러나 국가의 지원은 말뿐이었다. 건설 자금은 다른 곳에서 충당해야했다. 지역의 기업과 개인 투자자들은 철도 사업에 호의적이었으나 신중한 입장을 견지했다. 영국의 선배들이 지난 몇십 년 동안 예상치 못한 문제들로 마음고생이 심했다는 사실을 익히 알았기 때문이다. 열차가 탈선하고, 선로가 휘고, 기계가 망가지기 일쑤였다. 즉, 철도 프로젝트에는 큰 위험 부담이 따랐다. 그래도 뉘른베르크 사업가들은 증기력을 믿었다. 1833년 이들은 철도회사를 설립했고 투자 자금에 대해 12퍼센트를 초과하는 이례적으로 높은 수익률을 약속했다. 덕분에 필요 자금을 모으는 데 속도가 붙었으며, 얼마 안 가 공사를 시작할 수 있었다.

뉘른베르크와 퓌르트를 연결한 철로는 거의 직선 구간이었다. 두 도시 모두 역을 외곽에 짓는 바람에 선로의 길이가 늘어나 총 길이는 족히 6킬로미터에 달했다. 기관차는 영국에 있는 로버트 스티븐슨의 회사에 주문 제작했다. 1835년 9월 영국 뉴캐슬에서 출발한 배가 기관차의 부품들을 실어 로테르담으로 가져왔지만, 진짜 문제는 여기서부터였다. 로테르담에서 뉘른베르크까지 약 1천 킬로미터의 거리를 이동해 부품을 운송하는 데만 한 달 이상이 걸린 것이다. 기관차 부품을 배에 실어 라인강을 따라 쾰른으로 간 다음 거기서 바지선으로 옮기고, 다시 노새가 끄는 마차로 옮겨서 바이에른으로 향했다. 아이러니하게도 이런 운송의 난항이 유럽 내륙에도 철도가 필요하다는 사실을 새삼 일깨워주었다.

뉘른베르크에서 기관차를 조립해 시험 운행에 들어간 시점은 11월 말이었다. 기관차가 탈선하지도 않았고, 시속 40킬로미터라는 놀라운 속도로 이웃 도시까지 달려갔으나 여전히 많은 사람이 의심의 눈초리를 거두지 못했다. 한 지역 신문의 만화는 탈선한 열차를 낑낑대며 선로 위로 들어 옮기는 사람들 뒤편으로 마차가 느리지만 안전하게 사고 현장을 지나가는 그림을 실었다. 그래도 공식적인 개통식 날짜가 다가오자 철도 열풍은 북바이에른을 넘어 중부 유럽 전체로 퍼져나갔다. 심지어 베를린과 빈에서도 신문 기자들이 몰려왔다.

그러나 철도 위로 예상치 못한 먹구름이 드리웠다. 비용이 예산을 초과한 것이다. 개통식을 하루 앞둔 12월 6일 투자자들이 뉘른베르크 시청에 모였다. 예산으로 책정한 15만 굴덴은 모금이 되었지만, 실제 비용은 예산을 뛰어넘었다. 추가로 2만 6천 굴덴을 더 모아 채무를 청산하지 못하면 시험 운행을 무기한 연기할 수밖에 없었다. 철도회사 대표 게오르크 차하리아스 플라트너는 감동적인 연설로 투자자들의 마음을 움직이려 애썼다. 그들이 미래 세대의 모범이 될 철로를 건설했노라고, 이 모든 일이 공적 자금 한 푼 없이 이루어낸 성과이며, 철도는 부족한 자금이 모금된다는 전제하에 지역 경제의 경쟁력을 막강하게 키워줄 것이라고 말이다. 그의 애끓는 호소는 통했다. 투자자들의 금고에서 돈이 흘러나왔다.

독일 최초의 기관차 '아들러Adler: 독수리'는 1835년 12월 7일 월요일에 시동을 걸었다. 말馬이 없어도 달리는 교통수단을 보겠다고 먼 곳에서도 사람들이 몰려왔다. 군악대가 연주를 시작하자 분위기는 잔칫집처럼 달아올랐다. 시장이 연설을 마치고 바이에른 왕의 만세 삼창 소리가 잦아들자 마침내 열차가 출발했다. 초대 손님들은 왕의 이름을 딴 '루트비히반Ludwigsbahn'에 올라 9분을 달린 끝에 퓌르트에 도착했다. 돌아오는 열차는 정확히 21분 후에 출발했고, 다시 다음 시

1985년 뉘른베르크 퍼레이드에 아들러를 복제한 증기 기관차가 맥주 두 통을 싣고 등장했다.
ⓒManfred Kopka(Wikipedia)

각의 정각에 출발한 열차가 왕복 구간을 또 한 번 오갔다. 정비사들
이 기관차를 정비한 후 열차는 그날의 운행을 마쳤다. 귀한 기관차에
무리가 가면 안 되므로 증기 기관차 운행은 하루 두 번으로 제한했
다. 오전과 늦은 오후, 저녁에는 차량에 말을 매어 달렸다. 말이 끄는
열차는 6킬로미터 구간을 달리는 데 26분이 걸렸다. 아들러보다 세
배 더 오래 걸린 것이다.

시험 운행이 성공했다는 소식은 몰려든 기자들 덕분에 독일 전역

으로 퍼져나갔고, 열광적인 관심을 불러일으켰다. 모두가 미래는 증기의 것이라고 믿었으며 큰 도시들에서도 철도 건설을 준비하기 시작했다. 이 같은 인기가 철도 성공의 유일한 비결은 아니었다. 루트비히반의 승객 수가 예상을 초과해 연간 운행 횟수가 40만 회를 넘어섰다. 덕분에 투자자들에게 약속했던 12퍼센트의 배당금을 무난히 달성했다. 철도회사의 주가도 운행 석 달 만에 세 배나 뛰었다. 1835년 12월부터 1836년 12월까지의 첫 회계 연도에 배당금으로 지급된 수익은 자본의 20퍼센트에 달했다. 그 이후로도 15~17퍼센트에 달하는 배당금이 꾸준히 지급되었다.

이렇듯 여객 수송이 성공을 거두자 화물 수송 여부를 두고 토론이 벌어졌다. 철도회사 주주들도 의견이 갈렸다. 한쪽에서는 밀 부대나 맥주통을 마차보다 더 빠르게 이 도시에서 저 도시로 옮기는 것이 무슨 의미가 있느냐는 의견이었다. 철도로 화물을 운송할 경우 마부들이 일자리를 잃을 것이며, 화물을 싣고 내리느라 운행 시간이 지체될 것이라는 우려도 반대에 한몫했다. 그러나 미래를 내다보는 사람들도 있었다. 언젠가 독일 모든 도시가 철도로 연결된다면 마차가 들어갈 수 없는 곳까지도 화물을 실어 나를 수 있을 것이라고 말이다. 화물 수송의 수익성에 대한 우려가 진척 속도를 늦추기는 했지만, 완전히 막지는 못했다. 다수가 화물 수송에 찬성했다.

사실 그렇게 큰 변화가 아니었음에도 화물 수송에 쏟아진 전 유럽의 관심은 실로 엄청났다. 레데러Lederer 양조장의 맥주 두 통과 〈알게마이네 한델스자이퉁〈Allgemeinen Handelszeitung〉 신문 한 꾸러미가 첫 번째 객차 바깥에 놓인 의자에 실려 뉘른베르크 역을 떠났던 1836년 6월 11일 토요일의 그 역사적 현장에는 철도 개통식 못지않게 많은 기자가 몰려들었다.

출발 신호가 울리고 정확히 9분 후 맥주통은 퓌르트 역에서 하역 되었다. 증기 열차가 실어 나른 독일 최초의 화물이 무사히 목적지에 도착한 것이다. 퓌르트의 노동자들은 그날 점심때 평소보다 신선한 맥주를 마셨다. 그 후 몇 주 동안 바이에른 전역의 신문들이 맥주 두 통의 놀라운 여행에 관해 보도한 덕에 레데러 양조장에는 기존의 거래 지역이 아닌 곳에서도 주문이 밀려들었다.

객차 바깥의 의자에 실은 맥주 한 통의 운임은 3등 칸 기찻삯과 같아 편도에 6크로이처였다. 그러니까 굳이 마차 대신 기차를 택할 실질적인 이유가 없었던 셈이다. 하지만 유명세와 매출액 증가로 볼 때 레데러 양조장의 결정은 완벽한 성공을 거둔 것이나 마찬가지였다. 그래서 그 후로도 양조장은 계속해서 맥주 두 통을 열차에 실어 퓌르트로 보냈다. 운송 화물의 종류도 차츰 다양해졌다. 그러나 화물 운송이 루트비히반의 고정 서비스가 되기까지는 10년이라는 세월이 더 필요했다.

힘센 철도 노동자가 맥주 두 통을 열차에 싣는 것은 일도 아니었겠지만, 이런 소소한 시작은 맥주에게 세계 정복의 길을 열어주었다. 1830년대 초에 이미 선각자들이 예언했듯, 유럽 내륙은 불과 몇십 년만에 거대한 철로 망으로 뒤덮였고 그 망을 따라 온갖 화물이 유례없이 빠른 속도로 이 도시에서 저 도시로, 나아가 이 나라에서 저 나라로 이동했다.

그러나 19세기만 해도 아직 맥주 화물의 수요는 많지 않았다. 독일 도시들이 의리를 지키기 위해 자기 지역의 맥주를 우대했기 때문이다. 물론 모든 사람이 자기 지역의 맥주를 마실 수 있는 호사를 누린 것은 아니었지만 말이다.

1867년 빈의 드레어Dreher 양조장은 파리에서 열리는 세계박람회로 자사의 맥주를 실어 보냈다. 얼음으로 냉장한 라거맥주가 특수 제작한 차량에 실려 5일 동안 무려 15만 킬로미터를 이동했다. 맥주는 목적지에 도착했어도 출발할 때와 다름없이 신선했고 섭씨 4도를 유지했다. 그 후 150여 년이 흐르는 동안 양조장의 수는 급감했고, 철도의 자리는 화물차가 대신했으며, 맥주 수송은 일상적인 일이 되었다. 다음에 마트에 갈 일이 있거든 맥주 판매대에 가서 찬찬히 살펴보시라. 아마 외국 맥주의 종류가 예상외로 너무 많아서 깜짝 놀랄 것이다.

맥주를 더 큰 시장으로 운반하자는 아이디어는 성공했지만, 뉘른베르크와 퓌르트를 연결한 선로의 운명은 그리 밝지 못했다. 철도가 각지에 보급되면서 루트비히반은 나머지 철도망에서 떨어져나갔다. 1844년 뉘른베르크시는 교통 입지가 좋은 위치에 새 역사를 지었고, 뮌헨과 밤베르크로 향하는 장거리 열차들이 모두 그 역에 정차했다. 따라서 옛 역사와 퓌르트로 향하는 선로는 근거리 교통에만 이용되었다. 그러나 그마저 교통량이 줄면서 1922년에는 완전히 운행을 중지했다. 훗날 이 철로는 전철 선로로 이용되다가 지금은 뉘른베르크

오늘날의 뉘른베르크 기차역.

뮌헨과 밤베르크로 향하는 장거리 열차들이 모두 이 역에 정차한다.

지하철 U1선으로 편입되었다.

증기 기관차 아들러는 1857년에 은퇴했다. 1935년과 1985년 등 큰 기념일에는 독일 최초의 증기 기관차를 기억하는 기념우표가 발행되었다. 또 뉘른베르크의 철도 박물관에는 최신 이체에ICE 고속철과 나란히 아들러의 복제 기관차가 전시되어 있다. 맥주 두 통을 실은 옛날 그 모습 그대로.

레데러 프리미엄 필스

Lederer Premium Pils 뉘른베르크(독일)

유형	필스너
알코올 함량	5.1%
비중	11.6°P
쓴맛	34 EBU
색상	6 EBC

19세기 말 뉘른베르크 미술 아카데미의 교수 프리드리히 반데러는 '춤 크로코딜Zum Krokodil: 악어' 술집의 단골손님이었다. 그는 술집 이름에서 영감을 얻어 악어 로고를 만들었는데, 그 로고는 1890년부터 레데러 양조장의 상징이 되었다. 물론 양조장의 역사는 그보다 훨씬 오래전으로 거슬러 올라간다. 레데러 양조장은 1468년 헤렌브라우하우스Herrenbrauhaus라는 이름으로 문을 열었다. 그러다 1812년에 크리스티안 레데러Lederer, Christian가 양조장을 인수하면서 이름을 바꾸었다. 오늘날 레데러는 거대 식품 기업 '닥터 외트커'가 소유한 독일 최대 개인 양조 기업 라데베르거 그룹의 계열사다.

'레데러 프리미엄 필스'는 전통적인 독일 필스너 맥주로, 밝은 노란색을 띠며 약한 홉 향이 난다. 필스너 특유의 쓴맛은 아로마 홉 때문이다. 일부 뉘른베르크 사람들은 바로 이 홉의 쓴맛 때문에 반데러가 악어 로고를 떠올렸다고 주장하지만, 일화의 진위는 불명확하다. 레데러 프리미엄 필스에서는 흙과 풀, 부드러운 레몬 향이 두드러진다.

파리 실험실의 루이 파스퇴르.

10
루이 파스퇴르의
맥주 연구

·········

프랑스인 루이 파스퇴르Pasteur, Louis: 1822~1895는 단시간의 가열로 식품의 보존 기간을 연장하는 '파스퇴르살균법 저온 살균법'으로 잘 알려진 인물이다. 열을 가하면 박테리아와 기타 유해 미생물이 대부분 죽는다. 요즘 사람들은 파스퇴르살균법이라는 말을 들으면 유제품을 먼저 떠올리지만, 파스퇴르의 원래 연구 대상은 우유가 아니었다. 박테리아를 박멸하고자 했던 그의 노력 뒤편에는 더욱 원대한 국가적 목표가 숨어 있었다. 바로 독일을 맥주 선도국의 왕좌에서 끌어내리는 것이었다.

파스퇴르는 다방면에 관심이 많은 학자였다. 그가 미생물 연구를 시작한 동기는 매우 실용적이었다. 어떻게 하면 포도주의 변질을 막을 수 있을까? 어떻게 하면 누에나방 애벌레의 집단 폐사를 막을 수 있을까? 그것이 연구 동기였다. 1868년 가을 파스퇴르는 뇌출혈로 쓰러졌고 회복이 더뎌 1871년에야 겨우 건강을 되찾았다.

그런데 그가 건강을 되찾자 조국이 병들었다. 프로이센-프랑스전쟁1870~1871이 독일의 압도적 승리로 막을 내린 것이다. 파리는 독일군에 점령당했고, 파스퇴르 연구소도 활동을 중단할 수밖에 없었다. 그의 외아들 장 밥티스트는 군대에서 티푸스에 걸렸다. 프랑스 최고의 홉 산지인 알자스로렌 지방은 독일로 넘어갔다.

파스퇴르는 복수를 다짐했다. 전통적으로 독일이 앞서 달리던 맥주 양조 분야에서 독일을 물리치기로 마음먹은 것이다. 친구들의 말을 들어보면, 파스퇴르는 맥주를 거의 마시지 않았기 때문에 제품 간 맛의 차이를 별로 느끼지 못했다. 그럼에도 맥주를 향한 그의 열정은 꺾일 줄 몰랐다. 파스퇴르는 1860년대 초반부터 포도주와 맥주의 발효 과정을 연구해, 열을 가하면 미생물이 죽는다는 사실을 밝혀냈다. 중국과 일본에서는 이미 한 세기 전부터 파스퇴르살균법과 비슷한 방법으로 알코올음료의 보존 기간을 늘렸다는 기록이 남아 있지만, 이 가열법이 파스퇴르의 연구를 통해 서양에 알려진 때는 1860~1870년대였다.

파스퇴르는 맥주 양조의 실상을 파악하고자 1871년 프랑스 중부 샤말리에르에 있는 퀸Kühn 양조장을 찾았다. 그 양조장은 뛰어난 품질과 전통적 제조법으로 이름난 곳이었다. 그러나 바로 그 '전통성'이 파스퇴르를 경악하게 했다. 이미 사용한 맥아즙의 효모를 새 맥아즙에 덜어 넣는 방식으로 맥주를 만들고 있었던 것이다. 그러다가 지역 술집 단골들이 맥주 맛이 안 좋다고 투덜거리기 시작하면 그제야 주변 양조장에서 새 효모를 얻어다 사용했다. 파스퇴르는 새로운 맥주 제조법의 필요성을 느꼈다. 맥주의 맛을 유지하려면 외부에서 미생물이 유입되어 맥주를 변질시키는 것을 막아야했다. 파리로 돌아간 파스퇴르는 연구소에 작은 양조장을 짓고 맥주의 비밀 속으로 빠져들었다.

연구 성과가 줄을 이었다. 파스퇴르는 라거 타입의 하면발효맥주에 사용하는 효모를 반드시 냉장하지 않고도 더 빠른 시간 안에 훨씬 저렴한 가격으로 키울 수 있는 방법을 개발했다. 이 방법을 이용하면 시중에 유통되는 값싼 효모를 쓰지 않아도 각 양조장이 저마다 효모를 배양할 수 있기 때문에 미생물 유입을 현저하게 줄일 수 있었다. 그가 이런 놀라운 연구 결과를 얻을 수 있었던 까닭은 효모 자체가 상해서 맥주 맛이 변질되는 것이 아니라, 효모 옆에서 활동하는 미생물 때문임을 관찰을 통해 밝혀낸 덕이었다. 파스퇴르는 에밀 뒤클로 Duclaux, Pierre Emile: 1840~1904 와 협력해 맥주가 공기 중의 불순물과 접촉하는 시간을 최소화하는 양조 시설을 개발했다.

그러나 맥주 양조는 완벽히 밀폐된 화학적 과정이 아니며, 모든 미생물을 죽여서도 안 된다. 발효에서 가장 중요한 효소인 아밀라아제는 열에 민감하다. 따라서 유해 미생물을 파괴하면서 발효 과정을 유지하는 일의 균형을 맞추어야한다. 파스퇴르는 그동안의 연구를 통해 포도주 제조법에 훤했으나 그 이론을 맥주에 그대로 적용할 수는 없었다. 포도주는 산酸이 많고 알코올 도수가 높아 맥주보다 보존 기간이 훨씬 길기 때문이다. 연구소에서 맥주 양조와 열처리 방법을 완벽하게 익힌 파스퇴르는 이 방법을 실제 현장에서 테스트해보고 싶었다. 그렇다고 독일로 가고 싶지는 않았고, 샤말리에르의 퀸 양조장은 실험을 하기에 너무 작았다. 또 어차피 전후의 프랑스는 연구 여건도 충분하지 않았다. 그래서 그는 영국으로 향했다.

당시 런던의 위트브레드Whitbread 양조장은 영국 최대 양조장 가운데 한 곳으로, 직원 250명이 연간 5천만 리터의 맥주를 생산했다. 지금도 그렇듯이 영국은 에일 타입 상면발효맥주의 왕국이었다. 그동안 파스퇴르의 연구는 라거 타입의 하면발효에 한정되어 있었는데, 위트브레드에서의 경험 덕분에 연구 영역을 상면발효까지 확장할 수 있었다. 양조장 사람들은 파스퇴르를 정중하게 대접했지만, 그가 프랑스인이었기 때문에 처음에는 맥주 양조에 관한 그의 전문 지식을 믿지 못했다. 파스퇴르는 이 양조장에서 사용하는 흑맥주 효모 종자균을 영국에는 아직 알려지지 않은 현미경으로 관찰한 후 '불만스러운 점이 많다'는 의견을 냈다. 속 좁은 양조장 주인이라면 당장 프랑스 과학자를 쫓아냈겠지만, 위트브레드 측은 파스퇴르에게 더 많은 조언을 구했다. 며칠 후 그 문제의 효모로 양조한 흑맥주가 맛에서도 문제를 보이자 양조장은 마침내 파스퇴르의 연구를 인정했다. 위트브레드는 지체 없이 최고 성능의 현미경을 장만했고, 그렇게 미생물과의 전쟁이 시작되었다.

위트브레드 양조장에서 파스퇴르는 다양한 열처리 법을 실험했다. 그의 이론적 지식과 양조 전문가의 실제 경험이 서로의 부족한 점을 보완했다. 그 결과 파스퇴르는 너무 서둘러 열을 가하면 맥주에서 탄산이 제거된다는 사실을 밝혀냈다. 또 열처리 온도가 너무 높으

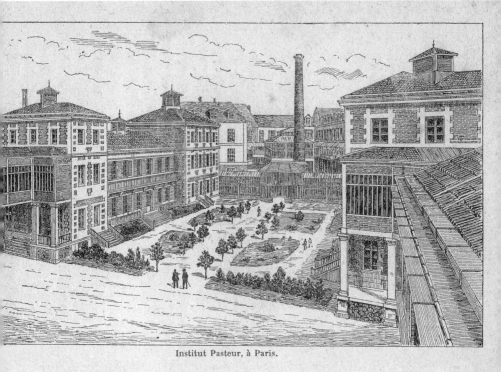

Institut Pasteur, à Paris.

파리의 파스퇴르 연구소를 그린 1900년경의 드로잉

면 맥주를 병에 넣은 후 추가 발효가 안 된다는 사실도 알아냈다. 그리고 반복되는 실험과 시행착오를 거친 후 마침내 맥주의 특색을 파괴하지 않으면서도 보존성을 해치는 유해 미생물은 죽이는, 최적의 열처리 온도가 섭씨 50~55도라는 사실을 알아냈다.

파스퇴르는 파리로 돌아온 뒤에도 계속해서 가열법을 연구했지만, 성과는 런던에서 얻은 수준을 넘어서지 못했다. 무균 맥주를 개발하기는 했으나 그렇게 되면 맥주가 향과 맛을 잃었다. 불순물이 전혀 없는 효모를 분리해내는 데도 실패했다. 파스퇴르는 프랑스와 외국의 여러 양조장에서 효모를 주문해 그것들을 맥아즙에 넣고 2주 동안 발효시킨 후 현미경으로 관찰했다. 순도에서 차이가 나기는 했으나 모든 효모가 원치 않는 미생물을 함유하고 있었다.

1873년 파스퇴르는 다시 실험실을 나와 현장으로 돌아갔다. 이번에는 프랑스 북동부 탕통빌 마을의 투르틀랭Tourtelin 양조장이었다. 그는 온도차를 미세하게 구분해 열처리와 현미경 관찰을 계속 이어 나갔다.

마침내 1876년 그의 맥주 양조 이론과 실제 적용 사례를 집대성한 400쪽에 육박하는 방대한 책《맥주에 관한 연구Études sur la bière》가 출간되어 전 유럽 맥주 양조인의 경전이 되었다. 파스퇴르의 연구 결과는 맥주 양조 이외에도 다양한 활용 가능성을 지니고 있었다. 그의 이름을 따서 파스퇴르살균법으로 불리게 된 이 식품 열처리법은 특히 유제품의 보존 기간을 늘리는 데 매우 유익한 방법으로 확인되었다. 이후 많은 학자가 이 방법을 더욱 발전시켰다.

파스퇴르도 일부 박테리아는 맥주를 변질시키고, 또 다른 박테리아는 인체 조직에 염증을 유발한다는 사실을 이미 알고 있었다. 두 종 모두 가열하면 죽일 수 있다. 지금 우리는 외과 수술 도구나 수술실 침대 커버를 물에 넣고 삶거나 뜨거운 수증기로 소독하는 것이 너무나 당연하다고 생각하지만, 그런 살균 절차가 도입된 것은 1870년대부터였다. 그러니까 파스퇴르의 노력이 불과 10년 만에 생활 곳곳에서 활용된 것이다. 또 파스퇴르는 미생물 연구를 바탕으로 전염병을 예방하는 백신도 개발했다. 그 결과 1881년에 탄저병 백신이, 이후 1885년에는 광견병 백신이 탄생했다.

파스퇴르의 발견 덕분에 프랑스 맥주의 일반적인 품질이 개선된 것은 사실이다. 그러나 독일을 무찌르겠다던 원래의 목표는 달성하지 못했다. 전보다 위생적인 발효 과정과 파스퇴르살균법 덕분에 맥주가 변질되는 일은 훨씬 줄었지만, 그런 기술이 자동으로 최고의 제품을 낳는 것은 아니었다. 좋은 맥주를 만들려면 과학 말고도 마법이 필요한 법이다. 파스퇴르의 동료이자 친구인 피에르 오귀스트 베르탱은 입만 열었다 하면 미생물 타령인 파스퇴르에게 질려 이렇게 불평했다고 한다. "미생물 연설은 괜찮은 맥주부터 만들어 준 다음에나 하시지."

파스퇴르의 맥주 실험은 전 세계 식품 산업과 의학에 헤아릴 수 없을 만큼의 혜택을 주었다. 양조 분야에서도 가장 큰 수혜자는 프랑스가 아니었다. 독일이었다면 파스퇴르가 무덤에서 벌떡 일어났을 텐데 다행히 독일도 아니다. 파스퇴르의 연구 결과를 편견 없이 수용했던 코펜하겐의 칼스버그 양조장이 위트브레드와 나란히 제일 큰 덕을 보았다. 칼스버그를 설립한 야콥 크리스티안 야콥센과 아들 카를 야콥센은 1870년대 초에 이미 파스퇴르를 만났고, 양조장에 연구소를 만들어 파스퇴르의 연구 결과를 적극 활용했다. 양조장 부지를 가로지르는 길의 이름도 '파스퇴르 길pasteurs vej'로 바꾸어 불렀으며, 그 길 끝에는 파스퇴르의 동상을 세웠다. 이런 예우로 미루어볼 때,

파스퇴르가 미처 끝내지 못한 연구를 완성한 곳이 바로 이곳 칼스버그의 실험실이었다는 사실은 너무나도 당연한 귀결이라 하겠다. 1883년 칼스버그 연구소의 에밀 크리스티안 한센Hansen, Emil Christian이 마침내 미생물 없는 라거맥주 효모를 배양하는 데 성공했다.

위트브레드 베스트 비터

Whitbread Best Bitter 웨일스의 마고(영국)

유형	에일
알코올 함량	3.3%
비중	
쓴맛	AB 인베브의 영업 비밀이다.
색상	

루이 파스퇴르가 찾아갔을 당시 위트브레드는 이미 100년 이상의 역사를 자랑하는 양조장이었다. 그 이후 100년 동안 위트브레드는 영국 전역에 이름을 날리는 큰 맥주 기업으로 성장했다. 그러나 1960년대에 들어 새 바람이 일었다. 위트브레드 콘체른Konzern이 기업 인수를 통해 카페와 식당, 호텔 업계로 확장을 꾀한 것이다. 그리고 이 분야의 수익이 커지면서 맥주 양조와 술집 운영이 더는 필요치 않다고 판단했다. 200년이 넘는 긴 세월 동안 기업의 발판이었던 양조 사업은 2001년에 다국적 기업 '인터브루'에 매각되었고, 현재는 세계 최대 양조 콘체른인 앤호이저부시 인베브Anheuser-Busch InBev의 자회사가 되었다.

런던의 위트브레드 양조장은 폐쇄되었지만, 그곳에서 만들던 제품은 지금도 AB 인베브 소유의 웨일스 마고 양조장에서 소량 생산된다. 맥아의 달콤한 맛에 빵 냄새가 나는 적갈색 맥주로, 마신 후에는 적당한 쓴맛이 뒷맛으로 남는다.

카를 야콥센은 칼스버그 양조장에서 번 돈을 로마 조각상을 비롯한 예술품 구매에 쏟아 부었다.
1910년에 찍은 사진.

11
코펜하겐의
메디치 가문

....

이탈리아 퀴리날레 호텔의 한 객실에 야콥 크리스티안 야콥센Jacobsen, Jacob Christian: 1811~1887이 의식을 잃고 누워 있었다. 가족 여행차 로마에 왔다가 감기에 걸렸는데, 몇 주 동안 병세가 너무 악화된 탓이었다. 결국 1887년 4월 30일 의사들이 이 75세 갑부에게 더는 희망이 없다는 선고를 내렸다. 아들 카를Jacobsen, Carl: 1842~1914 내외가 그리스 여행에서 돌아오자 야콥센은 의식을 찾고는 헛소리를 하기 시작했다. 그러다 갑자기 칼스버그재단의 소유 현황에 대해 정확한 몇 마디 말을 내뱉더니 다시 의식을 잃었다. 잠시 후 의식이 되돌아온 아버지에게 아들이 물었다. "아버지, 제가 오니까 좋으세요?" "그걸 말이라고 하니? 당연히 좋지." 이 대답이 아버지의 마지막 말이었다.

카를이 그렇게 물었던 데는 이유가 있었다. 그동안 부자 관계가 너무 나빴기 때문이다. J. C. 야콥센은 1847년에 양조장을 설립하면서 당시 다섯 살이던 아들의 이름을 따서 '칼스버그'라고 이름 붙였다.

그러나 카를은 그런 아버지의 그림자가 어디를 가나 자신을 쫓아다니는 듯했고, 평생 아버지의 그림자에서 벗어나려고 사투를 벌였다. 젊은 시절에는 아버지가 반대하는 처녀와 결혼하려고 애썼지만, 허사로 돌아갔다. 서른이 안 된 젊은 나이에 카를은 아버지의 사업 확장을 도와 새 공장을 맡았다. 그러나 아버지 입장에서 아들은 말이 안 통하는 고집불통 부하 직원이었다. 1870년대 내내 부자는 치열한 경쟁을 벌였다. 맥주의 생산량이나 품질은 물론이고, 누가 예술 애호가로서 더 배포가 크고 더 유명세를 누리는지를 두고도 경쟁했다. 거의 6년간 말 한마디 하지 않고 지낸 때도 있었다.

아버지는 1871년에 완공된 새 공장이 상면발효맥주, 즉 에일과 포터를 생산하는 데만 주력했으면 했다. 그러나 야심만만한 카를은 아버지의 계획에 반대했다. 자신이 시대의 요구를 읽을 수 있다고 믿었기 때문이다. 1870년대 덴마크에서는 급격한 경제 성장과 도시화의 여파로 맥주 수요가 급증했다. 하지만 상면발효맥주보다는 바이에른식 하면발효맥주인 라거의 수요가 높았다. 아버지의 양조장이 바로 이 라거 전문 양조장이었다. 카를은 에일 시장에 주력하라는 아버지의 말을 무시하고 아버지와 같은 라거 시장에 뛰어들었다.

카를이 맡은 새 공장은 생산량을 급속도로 늘려 순식간에 아버지 공장의 생산량을 따라잡았다. 아버지는 걱정이 이만저만이 아니었다. 자신이 보기에 카를은 품질을 따지지 않고 너무 대량으로 맥주를 생산했다. 그러니까 칼스버그의 이름으로 전혀 다른 두 종의 맥주가 판매되고 있는데, 아버지는 자신의 맥주만 품질 기준에 합격한 것으로 보았다. 아버지는 맥주의 품질을 유지하기 위해서는 무조건 장기 냉장 보관이 필요하다고 생각했지만, 아들은 생각이 달랐다. 카를은 저장 기간은 얼마든지 줄일 수 있으므로 냉장창고의 수용 한계 때문에 생산량을 제한할 필요는 없다고 주장했다. 또 맥주를 지금처럼 통으로만 판매할 것인지 병맥주로도 생산할 것인지를 두고도 부자는 의견이 엇갈렸다.

J. C. 야콥센은 원칙을 따지는 사람이었다. 그는 수십 년 동안 재산 일부를 자선 사업과 예술 후원에 투자했다. 정치적으로는 보수적인 국가자유당의 후원자로 유명했다. 맥주 양조와 관련해서는 두 가지 원칙을 고수했다. 첫째, 제조 과정은 과학적 지식에 바탕을 두어야 한다. 둘째, 기업의 성장이 관리 가능한 수준을 넘어서는 안 된다. 즉, 회사의 규모는 그가 직접 회사 전체 활동을 감독할 수 있는 수준을 유지해야한다고 생각했다. 그리고 아들도 이 원칙을 지켜 주기를 기대했다.

1870년대를 지나면서 카를의 공장은 아버지의 양조장에 육박하는 수준으로 생산량을 늘려나갔다. 결국 아버지는 1879년 카를에게 연간 생산량을 4만 통으로 제한할 것과 칼스버그의 이름으로 맥주를 판매하지 말 것을 요구했다. 대신 카를이 다른 공장을 인수해 칼스버그와 완전히 별개로 운영하는 것이 어떠냐고 제안했다. 카를은 격분했다. 이후 칼스버그의 두 공장은 생산량과 가격 면에서 완전히 대놓고 경쟁을 벌였다.

카를이 자기 양조장을 짓고 그동안 맡아 운영하던 공장은 2년 안에 다시 아버지에게 돌려주기로 합의하면서 그나마 잠시 평화가 찾아왔다. 그러나 조용해질 만하면 다시 갈등이 불거졌고, 그런 식으로 계속된 부자의 다툼은 도무지 잦아들 줄을 몰랐다. 카를은 자기 양조장 이름을 '뉴 칼스버그Ny Carlsberg'라고 지으려했지만, 아버지는 칼스버그라는 이름의 소유권이 자신에게 있다며 반대했다. 결국 정부의 담당 부서가 나서 카를의 손을 들어주었다. 부자의 갈등은 점점 유치해졌다. 양조장의 두 공장을 가르는 길 이름은 원래 '동맹의 길'이었는데, 동맹이 결렬되면서 카를이 프랑스 화학자 파스퇴르의 이름을 따 '파스퇴르 길'이라고 바꾸어버렸다. 그렇게 시작된 두 사람의 길 이름 싸움 역시 끝 간 곳을 몰라서 칼스버그 연구소의 에밀 크리스티안 한센이 일기장에 이렇게 적었을 정도였다. "이들 두 미치광이는 상대가 지은 이름을 가리려고 표지판 크기를 점점 더 키웠다."

위태롭기는 했으나 간신히 유지되던 두 사람의 관계가 완전히 종지부를 찍은 해는 1882년이었다. J. C. 야콥센이 전 재산을 칼스버그 재단에 기부하겠다는 내용의 유언장을 작성했기 때문이다. 카를은 우편 마차 두 대에 짐을 가득 실어 아버지 집으로 보냈다. 그동안 아버지에게 받은 책, 가구, 예술품 등이었다. '아들의 상속권을 박탈한 남자'는 기억에서도 지워버리겠다는 뜻이었다. 아버지는 친구에게 "내 인생의 황혼에 먹구름이 드리웠다"고 편지를 썼다.

그러나 사실 아버지와 아들은 엄청 닮았다. 둘 다 야망이 넘쳤고 고집불통이었다. 여기에 카를은 아버지와 달리 욱하는 기질까지 있었다. 물론 사업가라면 이런 성격들이 어느 지점까지는 득이 되었다.

또 이들 두 사람에게도 좋은 점이 있었다. 두 사람 다 사회 문제와 예술에 관심이 많았던 것이다. 그런데 뜻밖에도 아버지는 이 분야에서 자신과 경쟁한 아들의 태도에 특히 큰 상처를 받았던 것 같다.

1862년 스무 살의 카를은 로마에서 두 달 가까이 지내면서 많은 박물관과 관광 명소, 개인 소장 예술품을 관람했다. 이 여행에서 그는 깊은 감명을 받았지만, 고향에 돌아온 후에는 일단 사업에만 전념했다. 그래서 예술 후원가의 명예는 오로지 아버지 혼자서만 누릴 수 있었다. 아버지는 자선 활동 이외에도 도시 미화 사업을 지원했고, 국내외 화가들의 작품을 구매했으며, 프레데릭스보르성의 재건축 비용 대부분을 기부했다. 대대로 덴마크의 국왕들이 대관식을 거행했던 이 성이 1859년에 화재로 무너졌기 때문이다.

따라서 1879년에 카를이 알베르티나Albertina재단을 설립해 공원에 세울 조각상 비용을 지원하자 아버지는 마치 자기 영역을 빼앗긴 짐승처럼 불쾌감을 느꼈다. 자기를 따라 예술 후원가를 자처하는 아들이 마음에 들지 않았음은 물론이고, 그보다 더 마음이 상한 까닭은 이상하게 들릴지 모르겠지만 아들이 자신과 다른 성향의 예술품을 좋아했기 때문이었다. 자신은 쳐다보지도 않는 현대 프랑스 조각에 아들이 유독 관심을 보인 것이다.

이렇듯 물밑 갈등이 계속되던 1880년대 J. C. 야콥센은 기존의 칼스버그 양조장을 운영했고, 아들 카를은 1882년에 문을 연 뉴 칼스버그를 운영하고 있었다. 매사에 신중한 아버지와 달리 카를은 일단 마음에 드는 예술품을 봤다 하면 회사의 재정 상태는 아랑곳없이 무조건 사들여야 직성이 풀렸다. 특히 인간 본성의 미묘한 뉘앙스를 잘 반영한 조각 작품들에는 그야말로 큰 관심을 보였다. 카를은 국내외 구분도 없이, 고대와 19세기 작품도 구분하지 않고 무계획적으로 작품을 수집했다. 그러다 보니 1882년에 작품 전시를 위해 지은 건물은 물론이고, 1885년에 확장한 증축 건물마저 미술품으로 발 디딜 틈이 없었다. 그러나 정작 돈을 벌어들여야할 뉴 칼스버그 양조장의 시장 점유율은 날로 떨어졌다. 아버지는 돈만 펑펑 낭비하는 아들의 행실에 고개를 저었다.

1886년 가을 야콥센 부자는 마침내 화해했다. 칼스버그와 뉴 칼스버그 양조장의 최종 합병은 그로부터 20년 후에 이루어졌다. 화해를 확인이라도 하듯 아버지와 아들은 이듬해 봄에 온 가족을 데리고 로마로 여행을 하기로 결정했다. 카를은 그 참에 이탈리아와 그리스에서 예술 작품을 구매할 예정이었고, 아버지는 로마의 미술관과 공원을 여유 있게 둘러보고 싶었다. 하지만 상황은 예상과 다르게 흘러갔다. 로마의 봄비 탓에 아버지가 감기에 걸렸고, 결국 그로 인해 세상을 뜨고 만 것이다.

오랜 세월을 갈등했지만, 카를은 아버지의 죽음을 진심으로 슬퍼했다. 아버지는 세상을 떠도 아버지의 영향은 여전했다. 작품의 국적과 시대를 따지지 않았던 과거와 달리 1887년부터 아들은 거의 고대의 작품에만 관심을 보였다. 돌아가신 아버지가 좋아했던 바로 그 시대 말이다.

아버지가 세상을 뜨고 몇 주 뒤, 카를 야콥센은 독일 고고학자 볼

뉴 칼스버그 글립토테크는 코펜하겐의
랜드마크가 되었다.

글립토테크의 전시관 일부.

프강 헬비히를 만났다. 그는 향후 15년간 카를을 대신해 다량의 예술품을 찾아 구매해준 사람이다. 어떤 예술에 관심이 많으냐는 헬비히의 질문에 카를은 루트비히 1세가 건립한 뮌헨의 글립토테크Glyptothek*가 모델이라고 대답했다. "가장 아름답고 다채로우면서 교육적인 조각 컬렉션을 원합니다. 코펜하겐은 불모지나 다름없으니 우리 뜻대로 시작할 수 있을 겁니다." 헬비히는 카를의 말을 잘 이해해 곧바로 작업에 착수했다. 그해 가을이 되자 벌써 열여덟 명의 로마 황제 흉상이 코펜하겐에 도착했다. 그 뒤를 따라 그리스의 토르소들, 에트루리아의 석관, 추가로 로마 흉상들이 속속 코펜하겐으로 들어왔다. 그렇게 몇 해 동안 헬비히는 카를 야콥센에게 고대의 작품 955점을 장만해주었다.

19세기 말에 뉴 칼스버그의 글립토테크가 문을 열었고, 코펜하겐은 예술 도시로 거듭났다. 사람들은 카를 야콥센을 고대 로마의 예술 후원자 마에케나스Maecenas, Gaius Cilnius: B.C. 67~A.D. 8에 빗대어 새로운 메세나Mecenat: 마에케나스의 프랑스식 이름라고 불렀다. 야콥센 부자의 폭넓은 자선 활동과 문화 후원 활동은 15세기에 피렌체를 예술의 중심지로 만들었던 메디치 가문에 비교할 수 있을 것이다. 메디치 가문의 거칠고 맹렬한 기질 역시 야콥센 부자의 닮은 점이다.

* 조각 전시관을 가리키는 그리스어로, 현재 뮌헨 국립고대미술관의 조각 전시관을 뜻한다.

칼스버그

Carlsberg 코펜하겐(덴마크)

유형	라거	
알코올 함량	4.5%	
비중	10.1°P	
쓴맛	19 EBU	●●
색상	7.5 EBC	●

J.C. 야콥센의 아버지 크레스튼은 작은 양조장의 주인이었다. 그러니까 양조는 야콥센 가문의 가업인 셈이다. J.C. 야콥센이 라거맥주를 알게 된 것은 1845~1846년에 바이에른을 여행하면서였다. 그 맛에 반한 야콥센은 덴마크에서도 라거맥주를 생산하고 싶었다. 일단 생산에는 성공했지만, 낡은 양조장에는 라거맥주를 냉장 보관할 공간이 없었다. 그래서 그는 1847년에 새 양조장을 세우고 칼스버그라는 이름을 붙였다. 1883년 칼스버그 산하 연구소의 에밀 크리스티안 한센이 라거맥주를 제조하는 데 쓰이는 효모를 분리하는 데 성공했다. 이렇게 효모를 규격화하자 양조 과정에 다른 종의 효모가 섞여 들어갈 위험이 차단되었다. 이 효모는 곧 전 세계로 퍼져나갔다. 당시에도 이미 덴마크의 맥주 시장을 선도하던 칼스버그는 20세기에 들어 세계 최대의 맥주 양조 대기업 중 하나로 성장했다. 현재 칼스버그는 150여 개국에 지사를 두고 있다.

기업의 이름을 딴 제품 '칼스버그'는 가벼우면서도 홉이 많이 들어간 미디엄 바디 라거맥주다. 풀과 홉의 맛이 살짝 감도는 부드러운 맥아 맛이며, 황금빛이 돈다. 칼스버그가 개발한 '눌록스Null Lox' 품종 보리를 원료로 사용해서 향기와 거품이 오래가고 보존 기간도 길다.

북극으로 향하던 프람호가 예상과 달리 얼음과 함께 북극으로 떠밀려 가지 않자
난센과 요한센은 스키를 타고 북극으로 향했다.

12
맥주의 힘을 빌려
북극으로

....

노르웨이의 사업가이자 정치가, 외교관이었던 악셀 하이버그Heiberg, Axel: 1848~1932는 다방면에 관심이 많은 사람이었다. 특히 외교관으로 중국을 비롯한 세계 여러 나라에 체류하면서 그는 지구 곳곳의 지리에 관해 폭넓은 지식을 쌓았다.

미국과 중국에서 긴 외국 생활을 끝내고 다시 노르웨이로 돌아온 하이버그는 1877년 아문드 링그네스Ringnes, Amund와 엘레프 링그네스Ringnes, Ellef 형제에게 자금을 대어 양조장을 열었다. 링그네스 양조장은 장사를 잘했다. 그뿐 아니라 링그네스 형제는 지리학에 대한 하이버그의 열정에 전염되어 1890년대 양조장 수익금으로 노르웨이 학자들의 북극해 탐사를 아낌없이 지원했다. 이들 세 남성은 성공적인 탐사를 후원한 공을 인정받아 세계 지도에 이름을 올렸다.

프리드쇼프 난센Nansen, Fridtjof: 1861~1930은 어릴 때부터 스키와 스키 점프를 좋아했고, 스피드스케이팅 대회에서 우승한 적도 있다. 1881년 스무 살이 된 난센은 크리스티아니아_{현재의 오슬로}에 있는 왕립 프레데리크대학교_{오슬로대학교의 전신}에서 동물학을 공부하기 시작했다. 그리고 이듬해 여름 북극해 스발바르제도[*]와 그린란드를 오가는 바다표범 사냥선에서 현장 실습을 했다. 그곳에서 난센은 연구 활동과 함께 해상 위치 측정법을 연습했고, 북극의 야생 동물을 잡는 사냥 기술도 익혔다. 그는 훗날 탐험 여행에서 이 두 가지 기술을 요긴하게 써먹었다.

난센은 학업을 계속해 바다표범 및 다른 해양 동물들의 중추신경계의 구조·생성·진화를 주제로 박사 논문을 썼다. 하지만 그는 성격상 연구실에 가만히 앉아 연구만 하는 샌님이 아니었다. 난센은 늘 넓은 설원을 꿈꾸었다. 결국 1888년 친구들과 함께 스키를 타고 그린란드 남부를 통과하는 약 500킬로미터 구간을 횡단했다. 그린란드 남부는 아직 탐사되지 않은 미지의 지역이었다.

횡단에 성공하자 난센은 북극 탐험에 더욱더 관심을 보이기 시작했다. 이제 그의 목표는 북극점이었다. 당시만 해도 극지방은 거의 연구가 되지 않은 상태였다. 1873년에 스발바르제도 너머에서 또 다른 제도가 발견되어 제믈랴프란차이오시파^{**}라는 이름이 붙었지만,

---

* 북극해에 있는 노르웨이령 섬들. 세계에서 가장 북쪽에 있는 정주(定住) 지역으로, 어업이 행해지며 탄전이 있다. 1925년 아문센 이후 자주 북극 비행의 기지가 되었다.

** 북극해에 있는 섬들. 대부분이 빙하로 덮인 약 187개의 섬이 있으며, 과거에 소련의 항공 기지가 있었다.

그보다 더 북쪽 지역에 관해서는 알려진 바가 전혀 없었다. 북극이 땅덩어리인지 빙양氷洋인지도 확실하지 않았다.

당시 대서양 최북단에서 수많은 빙산이 발견되었다. 그런데 그 양이 너무 엄청나서 그곳의 바닷물과 눈만 가지고는 도저히 그렇게 많은 빙산이 만들어질 수 없을 정도였다. 따라서 북극에서 극지방의 빙원이 서서히 대서양 쪽으로 미끄러져 내려와서 쪼개지는 바람에 얼음덩어리와 빙산이 생겼다고 볼 수밖에 없었다. 게다가 가끔 얼음 안에서 나뭇조각이나 흙이 발견되었다. 난센은 이것들이 시베리아 북부에서 왔을 것으로 추측했다. 1881년 노보시비르스크제도˙ 근처에서 난파된 미국 돛단배 탐험선 자네트호의 잔해가 2년 후 그린란드 북부의 이누이트 마을에서 발견된 것도 난센의 추측을 뒷받침하는 증거였다.

난센은 세 가지 가설을 세웠다. 첫째, 북극해에는 해류가 있어서 2년이 지나면 동시베리아해의 빙설이 스발바르제도와 그린란드 사이의 지역으로 이동한다. 둘째, 이 해류를 막을 만큼 이렇다 할 큰 땅덩어리가 없다. 셋째, 특수 설계·건조한 튼튼한 배를 타고 동시베리아해로 들어가 바닷물과 같이 얼어붙으면 극지방을 거쳐서 스발바르제도 서쪽으로 떠밀려 올 확률이 매우 높다. 그래서 그곳에서 설원이 녹고 빙산이 부서지면 배는 다시 풀려나 집으로 돌아올 수 있을 것이다.

* 러시아 동부 시베리아 북쪽 북극해에 있는 섬들.

북극 얼음에 갇힌 배 안에서 겨울을 난다는 생각은 그리 새로울 것도 없었다. 수많은 고래 사냥꾼이나 바다표범 사냥꾼들, 탐험가들이 이미 어쩔 수 없이 겪었던 일이었으니 말이다. 그러다가 무사히 집으로 돌아온 사람들도 있었지만, 겨울을 나지 못하고 목숨을 잃은 사람들도 적지 않았다. 무엇보다 얼음의 압력 탓에 배가 부서지거나 영양가 높은 식량이 부족한 것이 가장 큰 위험이었다.

나폴레옹은 전쟁에 꼭 필요한 것으로 세 가지를 꼽았다. 첫째도 돈, 둘째도 돈, 셋째도 돈이라고 말이다. 이런 점에서 본다면 북극 정복도 전쟁과 다를 것이 없었다. 노르웨이 학술원이 탐험 프로젝트에 막대한 재정을 지원했다. 당시에는 미탐사 지역을 지도에 올리는 일이 국익에 도움이 된다고 여겼기에 공개 모금에도 적지 않은 돈이 모였다. 더불어 개인적인 후원자들이 기부한 액수도 적지 않았다. 난센의 탐험 프로젝트를 지원한 가장 중요한 후원자는 링그네스 양조장이었다.

적당한 배는 구할 수가 없었다. 그래서 노르웨이 남부의 항구 도시 라르비크에 있는 콜린 아케르 조선소에 난센의 지시대로 배를 만들어 달라고 주문했다. 선체는 무조건 목재를 사용해야했다. 강철로 얼마든지 견고한 선체를 만들 수 있었지만, 아직 기술 수준이 낮아서 배의 무게가 너무 무거워질 것이었기 때문이다. 게다가 목재를 사용하면 만약에 바다 한가운데서 배에 손상을 입더라도 간단한 기술과 연장으로 수리할 수 있을 터였다. 배의 형태를 설계할 때는 맵시와 속도를 따질 필요가 없었으므로 견고성과 화물 적재량에만 유념했다. 얼음이 압력을 가해도 배가 찌그러지지 않고 빙판 위로 올라갈 수 있게 수면 아래로 잠기는 부분은 납작하고 둥글게 처리했다.

마침내 1892년 10월 26일 프람Fram: 전진호의 진수식이 거행되었다. 프람호는 돛대가 세 개 달린 스쿠너선으로 길이 39미터, 폭 11미터에 적재량은 800톤이었다. 여기에 최대 6노트의 속도를 낼 수 있는 220마력의 증기기관을 갖추었다. 미지의 북극해에는 수심이 얕은 곳도 있을 것이므로 최대 적재 시 배의 홀수물에 잠기는 부분의 높이는 5미터 미만이었다. 촘촘한 참나무 선체는 안과 밖 모두에 견고한 나무판을 댔고, 수면에 닿을 곳에는 제일 바깥쪽에 강도가 매우 높고 내구성이 좋은 열대목인 녹심목을 2인치 두께로 덧대어 얼음에 노출될 때를 대비했다. 나아가 물밑에 잠기는 부분은 전체를 구리판으로 덮어 얼음 위로 잘 미끄러질 수 있게 했으며, 더불어 나무좀조개 같은 해충의 피해를 줄였다. 이 정도 배라면 아무 걱정 없이 북극을 향해 출발할 수 있을 것 같았다.

프람호 선장이자 탐험대 부대장은 오토 스베르드루프Sverdrup, Otto Neumann로, 이미 난센의 그린란드 스키 투어에 동행했던 인물이었다. 탐험대는 총 열세 명이었는데 모두가 눈과 추위를 경험한 바 있었고, 몇 사람은 북극해 항해 경험도 갖춘 베테랑들이었다. 배는 극한 상황에 대비해 만반의 준비를 했다. 등유와 석탄은 예상 필요량보다 훨씬 더 많이 실었다. 최신 기술 수준의 연구 장비는 물론이고, 선박 수리용 부품도 어찌나 많이 실었는지 외딴 섬에 고립될 경우 여차하면 새로 배를 한 척 건조할 수도 있을 정도였다.

식품 창고도 한가득 채웠다. 난센은 페미컨pemmican 예찬자였다. 페미컨은 지방을 제거한 후 말려서 다진 고기와 끓여서 물기를 제거한 소기름을 섞은 미국 인디언 방식의 육포로, 건조한 상태에서는 몇 년 동안 보관이 가능한 데다 영양가도 높았다. 그 외에도 고기 통조림, 생선, 말린 채소, 각종 수프, 비스킷, 마른 빵, 크래커, 고체 수프, 달걀가루, 잼, 농축 우유, 설탕, 초콜릿, 차, 커피, 코코아 등을 실었다. 모든 것이 다 있었다. 더구나 아주 풍부했다. 난센은 탐험 기간을 최소 3년으로 예상했지만, 안전을 도모하기 위해 충분한 여유 시간을 계산에 넣었다.

식수는 많이 싣지 않았다. 무거운 데다 자리도 많이 차지했고, 경험으로 미루어 볼 때 북극해에서도 빗물을 받거나 눈과 얼음을 녹여 식수를 확보할 수 있을 것이었기 때문이다. 술은 더 적게 실었다. 난센은 절대 금욕주의자가 아니었다. 맥주의 품질을 충분히 구분할 줄 알았다. 하지만 북극해의 극한 상황에서는 맥주는 물론이고 일체의 술이 위험하다고 생각했다. 술을 많이 마시면 온도가 실제보다 높고 안전하다고 착각하게 된다. 또 적은 양이라도 반응 속도를 느리게 한다. '살아 움직이는' 빙하에서는 생사가 눈 깜짝할 사이에 갈릴 수도 있다.

공동 장비에 포함된 에틸알코올은 표본 보존과 코펠 연료로 쓸 용도였다. 술은 몇몇 대원들이 짐에 한두 병 넣어가는 정도였다. 하지만 프로젝트를 지원한 양조장의 명예를 위해, 그리고 크리스마스를 비롯한 기념일 파티에 쓸 용도로 링그네스 양조장이 탐험대를 위해 특별 제조한, 추위에 잘 견디는 도펠보크doppelbock* 맥주 몇 통은 배에 실었다.

1893년 한여름에 크리스티아니아를 출발한 프람호는 7월에 노르웨이 영해를 벗어나 노바야제믈랴제도**와 시베리아 북부 해안을 향해 전진했다. 그리고 시베리아 북단의 첼류스킨곶으로 접근하던 중 그때까지 알려지지 않은 땅을 발견했다. 탐험대는 후원자를 기리는 뜻에서 그곳에 '액슬하이버그섬'이라는 이름을 붙였다. 훗날 러시아 지도에 '하이버그섬'으로 표기되었다. 항해는 계속되었다. 가을이 오자 바다가 얼어붙기 시작했고, 9월 말이 되면서 노보시비르스크제도 서쪽까지 간 프람호는 얼음으로 둘러싸였다. 10월 초가 되자 배는 이미 얼어붙어서 월동 차비에 들어갔다. 그래도 예상이 완벽하게 맞아떨어져서 천천히 북쪽으로 떠내려갔다.

얼음에 갇힌 채 시간이 흘렀다. 탐험대는 매일 위치를 확인해 배의 진로를 알아냈고, 날씨와 얼음, 바다의 상태를 관찰했다. 실험실 선반에는 에틸알코올이 든 유리병에 담긴 표본들이 하나둘 늘어갔다. 근처로 사냥을 나가 생선과 바다표범을 잡아 구워 먹기도 했는데, 난센은 강한 생선 기름 맛에 일단 익숙해지면 그 고기가 정말 맛이 좋다고 했다. 또 북극곰 몇 마리를 잡아서 구워 먹거나 조리해 먹기도 했다. 성탄절에는 마지막으로 남은 링그네스 맥주로 흥을 돋우었다.

---

* 일반적인 보크 맥주보다 풍미와 알코올 도수가 강화된 제품. 독일어 doppel은 영어의 double에 해당하는데, 그렇다고 알코올 도수가 두 배라는 뜻은 아니다.

** 북극해에 있는 러시아의 섬들로, 제믈랴프란차이오시파제도의 남쪽에 있다.

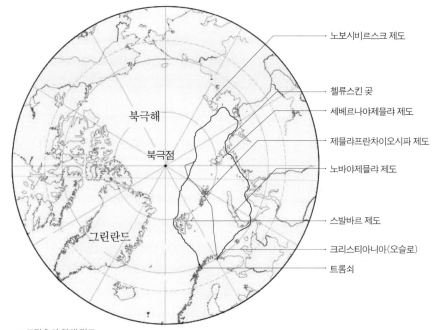

노보시비르스크 제도

첼류스킨 곶
세베르나야제믈랴 제도

제믈랴프란차이오시파 제도

노바야제믈랴 제도

스발바르 제도

크리스티아니아(오슬로)
트롬쇠

북극해

북극점

그린란드

→ 프람호의 항해 경로
→ 난센과 요한센의 스키 이동 경로
→ 잭슨의 보급선을 타고 돌아온 경로

해는 바뀌었어도 일상은 변함이 없었다.

 몇 달이 흘러 1894년 말이 되자 탐험대는 프람호가 예상과 달리 얼음과 함께 북쪽으로 떠밀려간 것이 아님을 깨달았다. 이대로 간다면 북극에는 가보지도 못하고 1년에서 1년 6개월 안에 스발바르제도 서쪽으로 갈 테고, 그곳에서 녹아 얼음에서 풀려날 것이었다. 그동안 이런 사태를 대비해 몸 관리에 힘을 쏟았던 난센은 인류 역사상 최초로 북극에 도착할 수 있는 다른 방법을 열심히 고민했다. 배로 못 가면 스키와 개썰매를 이용하면 될 터였다. 그래 봤자 불과 800킬로미터 거리였다. 돌아올 때는 당연히 프람호를 찾을 수 없을 것이다. 그렇지만 이듬해 여름에 바다가 다시 녹기 전에 스발바르나 제믈랴프란차이오시파에 당도할 수 있을 것이고, 그러면 왕복해도 총 거리는 1천500킬로미터를 크게 넘지 않을 것이었다.

1895년 2월 말 백야가 끝나고 다시 태양이 떠올랐다. 프람호의 위치는 북위 84도 지점이었고, 더는 북쪽으로 떠밀려가지 않을 것 같았다. 난센은 자신이 없는 동안 탐험대를 맡아 이끌도록 오토 스베르드루프에게 전권을 위임하고 북극을 향해 출발했다. 동행으로는 뛰어난 스키어이자 실력 좋은 사냥꾼이며 1889년 파리 세계체조선수권 대회에서 우승한 얄마르 요한센Johansen, Hjalmar을 택했다. 두 사람은 정확하게 계획하고 계량한 714.47킬로그램의 장비와 식량을 스물여덟 마리 개가 끄는 썰매 세 대에 나누어 실었다. 배에는 개 두 마리만 남겼다. 바다를 건너야 할 때를 대비해 카약도 두 대 실었다. 제일 무게가 많이 나간 것은 두 사람이 먹을 식량이었다. 개 사료는 조금만 실었다. 제일 약한 개부터 차례대로 잡아서 그 고기를 남은 개들에게 먹이로 줄 수 있을 것이라는 계산이 있었기 때문이다.

출발 전에 배 근처에서 시험 주행을 하고 그 결과를 토대로 속도를 계산했으나 첫날부터 이미 예상만큼 속도를 내지 못했다. 북극해의 빙설은 평지가 아니라 깨지고 한데 뭉친 얼음 무더기와 언덕이었다. 또 그 사이사이 구덩이가 패 있는 데다 심지어 한겨울인데도 얼음이 뻥 뚫려 못이 나타나기도 했다. 한 달이 지나자 개 한 마리가 쓰러졌다. 썰매를 끌 수 없으니 죽일 수밖에 없었다. 난센은 일기장에 이렇게 적었다. "여정을 통틀어 가장 끔찍한 일이었다." 개들도 처음에는 동료의 고기를 거부했지만, 배가 고프다보니 이내 먹기 시작했다.

어느 날 두 사람이 깜빡하고 시계의 태엽을 감지 않았다. 요한센의 시계는 아예 멈추어버렸고, 난센의 시계는 가기는 했으나 아무리 보아도 시각이 맞지 않았다. 큰일이었다. 자신들이 있는 위치를 확인하려면 그 지점의 정오 시각을 그리니치나 다른 자오선의 시각과 비교해 경도를 알아내야했다. 특히 극 지역은 경도선이 다닥다닥 붙어 있어서 다른 곳보다 더 정확성을 필요로 했다. 그들은 얼른 시계의 태엽을 감아 최대한 정확한 시각을 맞추려고 애썼다. 운을 바랐지만, 훗날 밝혀진 대로 그들의 경도는 이미 거의 6도나 틀려 있었다.

몇 주가 더 흐르자 북극에는 도저히 당도할 수 없겠다는 확신이 들었다. 결국, 4월 8일에 두 사람은 되돌아가기로 결정했다. 그들이 도착한 최북단 지점은 북위 86도 10분, 동경 약 95도였다. 그들은 제믈랴프란차이오시파로 방향을 잡았다. 예상 거리는 400킬로미터 정도였지만, 실제로는 거의 700킬로미터에 이르렀다.

돌아오는 길은 희망과 좌절이 반복되는 생존 투쟁이었다. 점점 더 많은 개를 죽여 남은 개들에게 먹이다보니 남은 개들이 끌어야하는 장비의 무게도 날로 무거워졌다. 5월이 되자 썰매 세 대 중 한 대는 버렸다. 식량이 많이 줄어 두 대로도 충분했고, 그 두 대는 남은 열 마리 개가 끌었다. 다시 개들이 한 마리씩 죽어 동료들의 먹이가 되었다. 남은 개들도 너무 굶주려 사람들이 죽은 동료의 껍질을 벗겨줄

때까지 기다리지 못했다. 도끼로 조각 낸 동료의 사체를 껍질과 털이 달린 채로 그대로 허겁지겁 먹어치웠다. 두 사람은 개의 피로 팬케이크를 구웠고, 또 먹어보니 그렇게 맛이 나쁘지는 않았다.

6월이 되자 두꺼운 얼음층이 갈라지면서 얼음덩어리가 바다를 떠다녔다. 그 덩어리를 보면 먼바다의 파도를 짐작할 수 있었다. 식량이 바닥을 드러냈다. 페미컨은 일부가 물에 젖어 상해버렸다. 두 사람은 썰매에 싣고 다니느라 부서진 카약을 수리했다. 6월 22일에는 바다표범 한 마리를 잡아 한동안 식량 걱정을 덜었다. 다음 날에도 바다표범을 한마리 더 잡았다. 그날 난센이 쓴 일기는 매우 문학적이다. "바다표범 고기는 정말 맛있다. 비계는 그냥 먹어도 맛있고 익혀 먹어도 맛이 좋다. 어제 우리는 그 기름을 수프 삼아 마셨다. 점심에는 고기를 얇게 저며 구워 먹었는데 그 맛이 '그랜드 호텔'도 저리 가라였다. 다만 맥주 한 잔을 곁들이지 못한 것이 아쉬웠다." 하지만 기름 냄새를 맡고 움막으로 들어온 북극곰 세 마리를 해치운 장면에서는 다시 간결한 학자 스타일 문체로 돌아갔다.

8월 3일 다시 얼음 사이로 바다가 나타났다. 난센은 장비를 카약에 싣고 단단히 묶었다. 순간, 뒤에서 뭔가 소란스러운 소리가 나면서 무기를 달라고 외치는 요한센의 목소리가 들렸다. 돌아보니 얼음 뒤에 숨어 있던 북극곰 한 마리가 요한센에게 달려들어 머리를 물어뜯으려는 찰나였다. 요한센은 침착한 목소리로 말했다. "지금 바로 쏘십시오. 안 그러면 늦습니다." 난센은 서부 영화의 주인공도 저리 가라 할 잽싼 몸놀림으로 카약에서 총을 꺼내 2미터 거리의 곰을 향해 발사했다. 19세기 신사들은 그런 위급한 상황에서도 예의를 지켜 깍듯하게 존댓말을 썼다. 이제 서로를 알 만큼 알았으니 편하게 말을 놓자는 제안은 이듬해 성탄절 파티에서야 나왔다.

나흘을 달린 후 마침내 태양이 모습을 드러냈다. 두 사람은 마지막 남은 개들을 죽이고 카약에 실을 수 있는 짐을 모두 꾸려 바다로 나갔다. 그들은 현재 위치를 제믈랴프란차이오시파의 북쪽이라고 예상했으나 얼마 못 가 자신들의 왼쪽, 그러니까 동쪽에 있는 땅이 기존의 기록과는 맞지 않음을 깨달았다. 깎아지른 듯한 암벽 앞에서 조류가 서쪽으로 흘렀다. 그런데도 두 사람은 제믈랴프란차이오시파의 남쪽에 닿을 것이라 기대하며 항해를 계속했다. 그곳에 가면 다른 탐험가들을 만날 테니 그들과 함께 문명 세계로 돌아갈 수 있을 것이라 기대하면서.

곧 가을이 닥쳐왔다. 8월 말인데도 밤이면 추웠고 해안에는 얼음이 얼기 시작했다. 두 사람은 이렇게 계속 항해하는 것이 무의미하다는 결론을 내렸다. 그래서 항해를 멈추고 겨울을 보낼 움막을 짓고 식량을 찾기 시작했다. 아직 얼음이 얼려면 며칠이 남았으므로 그들은 그 시간을 이용해 바다코끼리를 사냥했다. 가을철의 바다코끼리는 살이 올라 기름기가 많아서 죽어도 가라앉지 않았다. 총에 맞은 바다코끼리를 카누에 실어 해안으로 옮기는 작업은 혼자서도 충분했다. 하지만 무게가 1톤에 달하는 녀석을 육지로 끌고 오는 작업은 사정이 달랐다. 그래서 두 사람은 해안의 물속에서 바다코끼리 가죽을 벗기고 토막을 낸 후 고기를 날랐다. 그리고 가죽을 움막 옆에 펼치고 그 위에 고기를 놓은 다음 다른 가죽으로 덮었다. 바닷물 덕분에 고기는 그냥 구워도 좋을 만큼 소금기가 많았고, 바깥이 그대로 자연 냉장고였으므로 보관 걱정도 없었다. 당연히 움막 안에는 난방이 필요했다. 에틸알코올과 등유는 오래전에 다 떨어졌지만, 바다코끼리 기름이 넉넉했다. 양철 접시에 비계 덩어리를 놓고 붕대를 돌돌 말아 심지로 쓰면 임시방편이나마 양초 대용으로 난방과 조명이 해결되었다.

두 사람은 1895년 말~1896년 초의 겨울을 대부분 곰 가죽을 둘러쓰고 누워서 지냈다. 움막 안은 현대식 냉장고 정도의 온도였다. 얼어붙은 움막의 벽이 바다코끼리 기름 램프의 펄럭이는 불빛을 받아 반짝거리던 모습이 무척 예뻤노라고 난센은 일기장에 적었다. 바깥은 영하 40도였고 북극해에서 바람이 불어왔다. 기름에 젖은 옷은 피부에 찰싹 달라붙어 몸을 굽히면 살이 쓸렸다. 게다가 보온 기능이 전혀 없었으므로 더더욱 바깥으로 나갈 엄두를 내지 못하게 했다. 2월에 적은 난센의 일기장에는 이런 구절이 있다. "겨우내 하릴없이 지하 움막에 누워 있으려니 기분이 이상하다." 또 "우리의 생활은 정말 쾌적하지가 못하다"는 구절도 있다. 그러면서도 자신도 요한센도 희망을 버리지 않았다는 말을 잊지 않았다. 책과 깨끗한 옷, 제대로 된 음식이 이 순서대로 제일 아쉽다고도 적었다. 당시 그에게 맥주 한 잔은 어떠냐고 물었다면 당연히 거절하지 않았을 것이다.

1896년 5월 그들은 다시 길을 떠났다. 난센과 요한센은 어딘지 모를 해안을 따라 이동했다. 카누를 타기도 했고, 눈이 녹아 질척이는 땅을 밟으며 썰매를 끌기도 했다. 바다에서 얼음이 녹으면서 멀리서 울리는 총성처럼 폭음이 들렸다. 6월 어느 날 폭음 대신 개 짖는 소리가 들렸다. 난센이 스키를 신고 소리를 쫓아갔다가 하마터면 영국인 탐험가 프레더릭 조지 잭슨과 충돌할 뻔했다. 그는 제믈랴프란차이오시파의 노스브룩섬에서 자기 탐험대와 함께 겨울을 나는 중이었다. 사람들이 달려가 요한센도 불러왔다. 그날 두 사람은 잭슨의 연구 기지 '캅 플로라'에서 식사했다. 난센의 일기를 보면 기지는 온갖 현대식 편의시설을 갖춘 정식 벽돌집이었다. 8월 초 잭슨의 보급선이 도착했고, 두 사람은 그 배를 타고 노르웨이로 갔다. 두 사람이 도착한 지 닷새 후, 프람호도 고향으로 돌아왔다. 정확하게 난센의 예측대로 3년 동안 얼음과 함께 표류하다가 스발바르제도의 서쪽에서 얼음이 녹아 풀려난 것이었다.

이후 난센은 오슬로대학교의 동물학 및 해양학과 교수가 되었다. 1906~1908년에는 노르웨이 대사로 런던에서 근무했으며, 1920년대에는 유엔난민기구 고등판무관을 지냈다. 고등판무관 시절 그는 국적을 잃은 난민을 위해 소위 '난센 여권'을 만들었고, 그런 공을 인정받아 1922년에는 노벨평화상을 받았다.

프람호는 그 뒤에도 오토 스베르드루프를 선장으로 세워 북극해 탐험을 계속했다. 1900~1901년 스베르드루프는 캐나다북극해제도

오슬로의 프람 박물관. 건물 안으로 들어가면
프람호 내부를 살펴볼 수 있다.

프람 박물관에 전시된 프람호.

를 탐사해 엘즈미어섬 서쪽 바다에서 처음으로 여러 섬들을 발견했다. 이곳은 현재 그의 이름을 따서 스베르드루프제도라 불리며, 1930년대까지 노르웨이의 영토였다.

대서양의 섬에 자신의 이름을 붙인 이는 탐험가들만이 아니었다. 탐험 비용을 지원한 양조업자들도 대서양의 지도에 이름을 남겼다. 4만 3천178제곱킬로미터의 면적으로 스베르드루프 제도에서 가장 큰 섬이자 세계 최대의 무인도는 액슬하이버그섬이라는 이름을 얻었다. 그리고 그 섬의 남서쪽에는 각각 엘레프링그네스섬$_{11,295km^2}$과 아문드링그네스섬$_{5,255km^2}$이 있다.

1910~1912년 프람호는 로알 아문센Amundsen, Roald: 1872~1928의 보조 선박으로 남극을 항해했다. 그래서 프람호는 북극과 남극을 모두 탐사한 세계 최초의 배가 되었다. 아문센 역시 이 배의 후원자를 기리는 뜻에서 남극의 한 곡빙하**에 액슬하이버그빙하라는 이름을 붙여 주었다. 현재 프람호는 오슬로 박물관에 전시되어 있다.

---

* 캐나다 북부 북극해 가운데 있는 제도. 엘즈미어섬, 배핀섬, 빅토리아섬 등을 포함하며, 행정상으로는 캐나다 노스웨스트주에 속한다.

** 계곡 상부 또는 고원 지대와 같이 평탄한 지역에 존재하는 빙하가 확장되면서 계곡을 따라 흘러 내려오는 것을 말한다. 히말라야, 알프스 등지에 발달되어 있다.

링그네스 임페리얼 폴라리스

Ringnes Imperial Polaris 오슬로(노르웨이)

유형	보크
알코올 함량	10.0%
비중	22°P
쓴맛	46 EBU
색상	56 EBC

링그네스 양조장은 노르웨이 탐험대를 지원하면서 많은 관심과 호응을 얻었다. 하지만 애당초 그들의 지원 동기는 그런 일반의 관심이 아니었다. 악셀 하이버그와 링그네스 형제는 진정으로 지리 탐사에 힘을 보태고 싶었다. 난센의 탐험대를 위해 특별히 제조한 '보콜Bokøl' 도펠보크 맥주 또한 이런 협력 활동의 일환이었다. 이 독한 맥주는 긴 항해에도 맛을 유지했고 다른 약한 맥주보다 추위에도 잘 견뎠다.

이 양조장은 1978년까지 링그네스 가문 소유였지만, 2004년 이후 소유권이 칼스버그 그룹으로 넘어갔다. 2012년, 링그네스 양조장은 100여 년 전의 북극 탐험을 기리기 위해 보콜과 같은 도펠보크 타입의 특별 제품을 생산했다. 브루클린 양조장의 유명한 맥주 장인 가렛 올리버가 협력해 만든 이 신제품이 바로 '링그네스 임페리얼 폴라리스'다. 이어 2013년슈피리어 폴라리스과 2014년에도 추가로 특별 제품을 선보였다.

링그네스 임페리얼 폴라리스는 진갈색 도펠보크 맥주다. 설탕, 버터, 물을 끓여 만든 캐러멜 같은 사탕을 토피toffee라고 하는데, 이 맥주에서 토피와 꿀, 감귤 향기가 난다. 맛은 토피와 가벼운 홉 맛이 강한 편이다. 섭씨 10~12도일 때 마시면 그 맛을 가장 잘 느낄 수 있다.

THE ILLUSTRATED
LONDON NEWS

No. 3951   SATURDAY, JANUARY 9, 1915.   SIXPENCE.

'The Light of Peace in the trenches on Christmas Eve: A German soldier opens the spontaneous truce by approaching the British lines with a small Christmas tree.' (original caption)

1914년 성탄절. 영국과 독일이 대치한 전선 곳곳에서 병사들이 비공식 휴전에 합의하고 함께 성탄을 축하했다. 1915년 1월 런던의 어느 신문 1면.

13
발사 중지!
맥주를 가져왔다

....

1차 세계대전이 발발하고 약 5개월이 지난 1914년 12월, 총탄이 휘날리는 전장에도 한 줄기 인간애의 불빛이 반짝였다. 서부전선 곳곳에서 병사들이 총을 내려놓았다. 성탄절을 맞이해 양쪽 진영 병사들이 같이 축구 시합을 하고 맥주도 나누어 마시며 국적을 초월한 형제애를 나눈 것이다.

전쟁 초기 서부전선의 독일군은 프랑스의 방어 지점을 우회해 벨기에 영토를 지나 공격한다는 전략을 세웠다. 처음 몇 주 동안은 계획이 성공하는 것 같았다. 하지만 1914년 가을이 되자 진군 속도가 느려지더니 10월부터 사실상 전선이 고착되었다. 그렇게 장기 참호전이 시작되었고, 양쪽 모두 이렇다 할 진전이 없는 상태로 계속 시간만 흘렀다. 누구도 이렇게 전쟁이 길어질 줄 예상치 못했다. 최고 사령부도 일반 사병도 모두가 하염없이 길어지는 전쟁에 어찌할 바를 몰랐다. 양측 사령부는 빠른 승리를 외쳐댔지만, 플랑드르의 들판을 가로지른 그 많은 참호 안으로 추위를 재촉하는 가을비가 내리치자 더 이상 누구도 혹독한 현실을 외면할 수 없게 되었다. 빗물이 고인 진창에 발이 푹푹 빠졌다. 가을부터 여러 차례 평화를 호소했던 교황 베네딕트 15세는 12월 7일 "천사들이 노래하는 그 밤만이라도 총소리가 그치기를" 기원했다. 그러나 런던, 베를린, 파리에서는 아무런 응답이 없었다.

그들과 달리 참호에 몸을 숨긴 병사들은 그렇게 완강하지 않았다. 당시의 휴전에 대해 어느 정도 미리 합의가 있었는지는 정확히 알 수 없다. 남아 있는 문서를 보면 양측 사령부는 사전에 전혀 아는 바가 없었던 것 같다. 다만, 평화 협상을 방해하거나 중단시킬 소지가 있는 집단행동을 계획해서는 안 된다는 경고가 개별적으로 내려졌다는 기록은 남아 있다. 병사들이 집으로 보낸 편지를 보아도 휴전에 관한 공식적인 언급이 있었던 것 같지는 않다. 교황의 호소문이 널리 알려졌으니 일부 병사들이 우연히 전해 들었을 수는 있었겠지만, 그 영향력이 얼마나 되었을지는 짐작하기 어렵다. 더욱이 1914년 성탄절의 그 휴전에 참여한 병사들은 대다수가 개신교 신자였다. 오히려 프랑스의 가톨릭 부대도 자기 종교의 최고 권위자가 전한 호소를 따르지 않았다.

크리스마스 분위기는 12월 23일부터 감지되었다. 벨기에와 프랑스의 접경 지역인 서부전선 북쪽의 많은 참호에서 크리스마스 캐럴이 울려 퍼졌다. 영국군의 캐럴 소리에 독일군이 답했고, 다시 독일군의 노래에 영국군이 답했다. 노랫소리는 그치지 않았고, 병사들은 양초와 크리스마스트리로 참호를 장식하면서 크리스마스 파티를 준비했다. 물론 플랑드르에 전나무가 자랄 리는 만무했으니 다른 나무를 대신 이용했다.

그날 낮부터 이미 총성이 잦아들었다. 그리고 성탄 전날이 되자 본격적으로 평화의 노력이 시작되었다. 적국의 말을 할 줄 아는 병사들이 상대의 참호를 향해 소리쳐 휴전을 제안했다. 통역할 병사가 없으면 전통적인 방식대로 흰 천을 흔들어 평화를 요청했다. 용감한 병사들은 아예 참호에서 기어나왔고, 그러면 상대편에서도 똑같이 참호에서 몸을 일으켰다. 그러나 대부분의 구역에서는 성탄절 당일 아침에야 평화의 노력이 시작되었다.

휴전에 얼마나 많은 인원이 참여했는지를 두고는 의견이 분분하다. 남은 기록으로 미루어 보건대 약 10만 명의 병사가 성탄절 휴전에 동참했던 것 같다. 하지만 서부전선에 동원되었던 병사의 숫자는 100만 명이 넘었으니 사실상 휴전에 참여한 병사의 비율은 매우 미미했다. 서부전선의 최북단, 즉 프랑스령 플랑드르와 벨기에령 플랑드르에서 특히 휴전 참여율이 높았다. 연합군 측에서는 영국군이, 독일군 측에서는 대부분 작센과 바이에른, 베스트팔렌의 병사들이 주로 동참했다.

당시 프랑스의 릴 서쪽 프렐링헨에서는 영국 왕립 웨일스 보병 2연대와 작센 보병 134연대가 대치 중이었다. 영국군 클리프튼 잉글리스 스톡웰 대위는 그해의 성탄절을 이렇게 기억했다.

"전날 밤에 기온이 뚝 떨어졌다. 땅에 하얗게 서리가 깔렸고 안개가 짙었다. 우리는 메리 크리스마스라고 쓴 큰 글자판을 만들어 독일 군이 잘 볼 수 있게 그쪽으로 돌려서 참호에 세웠다. 낮 한 시쯤이 되 자 안개가 걷혔고, 글자를 읽은 독일 병사들이 큰 소리로 외쳤다. '발 사 중지! 참호 밖으로 나오면 맥주를 주겠다.' 그 말에 우리 병사 몇 명이 일어나 손을 흔들었다. 저쪽 군인들도 참호 밖으로 기어나와 맥 주 한 통을 우리 쪽으로 굴렸다. 그러더니 저쪽 병사들이 떼를 지어 참호에서 일어섰다. 비무장 상태였다. 우리 쪽에서도 당연히 우르르 몸을 일으켰다. 저러다 독일군이 언제 다시 총을 쏠지 모른다는 우려 의 목소리도 있었지만, 우리 쪽 병사 두 명이 참호에서 달려나가 맥 주통을 받았다."

독일군은 맥주를 한 통 더 갖고 있었다. 그래서 맥주 두 통을 전선 한중간에 놓고 양쪽 진영의 병사들이 가져다 마시려던 참이었다. 스 톡웰은 야전 지휘관으로서 두고볼 일이 아니라는 생각이 들었다. 그 래서 서툰 독일어로 작센군의 지휘관 막시밀리안 폰 시너 대위를 불 렀다. 두 사람은 자정까지 임시 휴전하기로 합의했다. 병사들은 벌 써 축하 파티를 하고 있었다. 선물로 담배와 전투 식량이 오갔다. 그 러나 폰 시너 대위는 스톡웰에게 그 맥주를 권하지 않는데, 이유는 독일군의 엄격한 위계 서열 때문이었다. 독일군 장교들은 숙식을 따 로 해결했다. 스톡웰의 이야기를 더 들어보자.

---

* 《성탄절 휴전: 1914년 12월의 서부전선(Christmas Truce: The Western Front December 1914)》, 말콤 브라운·설리 시튼 지음, 팬 출판사, 1999.

"대위가 부관을 부르니 한 독일 병사가 금세 술잔과 맥주 두 병을 참호에서 꺼내 들고 달려왔다. 우리는 잔을 치켜들고 서로의 건강을 기원하며 건배했다. 양쪽 병사들은 신이 나서 왁자지껄했지만, 우리 둘은 깍듯하게 인사를 나누고 각자의 자리로 돌아갔다."

폰 시너 대위가 깍듯하게 예법을 차린 이유는 어쩌면 면목이 없었기 때문이었을지도 모르겠다. 웨일스 연대 소속 병사 프랭크 리처즈는 그날 마신 맥주의 품질을 이렇게 기억했다. "그 프랑스 맥주는 썩은 맛이 났지만, 우리는 두 통을 싹 비웠다." 그 두 통의 맥주는 독일 측 전선에서 멀지 않은 프렐링헨의 양조장에서 가져왔을 가능성이 높다. 프랑스 맥주에 대한 오해를 피하고자 프랑스 맥주가 원래 그렇게 썩은 맛이 나는 것은 아니라는 말은 꼭 하고 넘어가야겠다. 다만 그 맥주는 제조하자마자 바로 마셔야 하는 상면발효 맥주인데, 그것을 몇 달 동안이나 습기 많은 참호에 놓아두었으니 상하지 않았다면 더 이상했을 것이다.

폰 시너 대위가 스톡웰 대위에게 대접한 맥주는 아마 독일에서 수송한 맥주였을 것이다. 맥주가 전선으로 보내는 최우선 보급품은 아니었지만, 당시의 보급 문서를 보면 장교들에게는 가끔 독일 맥주를 누릴 수 있는 특혜를 주었던 것 같다. 스톡웰 대위는 맥주에 대한 답례로 영국 전통 성탄 음식인 플럼푸딩plum pudding*을 선물했다.

프렐링헨에서 성탄절 오후에 일어난 일들에 관해서는 양측의 말

* 건포도 등 여러 가지 과일을 넣고 찐 대표적인 크리스마스용 푸딩.

이 엇갈리는 부분도 있다. 앞에서 말한 맥주 때문이라기보다는 확실치 않은 기억 탓일 것이다. 양쪽 참호 중간에서 축구 시합이 벌어졌다. 영국 병사 중에는 자기들끼리 시합했다고 기억하는 사람도 있지만, 웨일스와 독일의 비공식 국제 경기였을 확률이 높다. 몇몇 기록을 보면 시합 결과도 언급되어 있다. 독일이 3:2로 승리했다고 한다.

현재 프뢰제스에는 도시 남서쪽의 아르망티에르 거리에 축구장이 있다. 1914년 성탄절에 축구 시합을 한 것으로 추정되는 바로 그 장소다. 축구 시합은 전선 너머에서 서로에게 총을 겨누었던 병사들을 하나로 묶어주었다. 성탄절 당일 플랑드르에서는 이들 말고도 독일군과 영국군의 친선 경기가 몇 차례 더 있었다. 그러나 당시의 목격담에서 알 수 있듯 다른 경기에는 프뢰제스만큼 술이 풍족하지는 못했던 것 같다. 아쉽게도 현재 프뢰제스 양조장은 더 이상 맥주를 제조하지 못한다. 1915년 초 영국군의 포 사격으로 양조장 건물이 파괴되었기 때문이다.

맥주통을 다 비운 뒤 작센과 웨일스 병사들은 각자의 참호로 돌아갔다. 돌아가면서 다음 날 아침까지 휴전을 연장하기로 합의했다. 다음 날 아침, 웨일스 병사들이 '메리 크리스마스'라고 적힌 글자판을 내리고 있을 때, 독일 참호 쪽에서 '고맙습니다'라는 글자를 적은 큰 목욕 수건이 올라왔다.

병사들이 집으로 보낸 편지를 보면 그 성탄절의 휴전은 음울한 전선의 나날에 한 줄기 빛을 내려준 의미 있는 경험이었다. 본국의 반응 역시 대체로 긍정적이었다. 수백만 부의 판매 부수를 자랑하는 영

성탄절 휴전 축구 시합 기념비. 영국 리치필드의 국립전쟁기념수목원에 있다.
ⒸDeFacto(Wikipedia)

국 신문 〈데일리미러Daily Mirror〉까지도 영국과 독일 병사들이 사이좋게 찍은 사진을 1면에 실었다. 적국을 비방하던 그간의 선동적 기사와는 전혀 다른 소식이었다.

하지만 병사들의 독단적인 휴전을 사령부가 반길 리는 없었다. 영국의 호레이스 스미스-도리언 장군은 1914년 12월 26일 자 일기에 이렇게 적었다. "이 사건은 우리가 무감각 상태에 빠졌음을 여실히 입증한다. 나아가 내 지령이 전혀 소용없다는 사실을 잘 보여준다. 나는 어떤 상황에서도 적군과의 교류는 용납할 수 없다고 확실히 지시했다." 다른 장군들도 멋대로 휴전에 참여한 병사들에게 훈육 조처를 내려야한다고 주장했다. 다행히 사건이 군사재판까지 가지는 않았지만, 어쨌든 양측의 최고 사령관들은 크리스마스 분위기 때문에 격분했다.

일반 사병 중에서도 크리스마스 휴전을 반기지 않은 사람들이 있었다. 휴전에 동참하지 않았던 제16 바이에른 예비 보병 연대에서는 사병 아돌프 히틀러Hitler, Adolf: 1889~1945가 휴전에 동참한 전우들을 향해 이렇게 분통을 터뜨렸다. "너희는 독일인의 자존심도 없느냐?"

1차 세계대전은 그 후로도 몇 년 더 끌었지만, 성탄절 휴전은 그 한 번으로 끝이었다. 이듬해 군 사령부는 같은 일이 반복되지 않게 미리 경고 조처를 했다. 도무지 끝을 모를 전쟁과 잔혹한 전투, 가스 공격으로 피폐해진 양측 병사들의 마음도 크리스마스 분위기를 낼 만한 상황이 아니었다. 형제애는 사라지고 증오만 남았다. 서로의 건강을 기원하던 건배도 더는 울려 퍼지지 않았다.

그렝 도르주 퀴베 1898

Grain d'Orge Cuvée 1898　릴(프랑스)

유형	에일
알코올 함량	8.5%
비중	
쓴맛	그렝 도르주의 영업 비밀이다.
색상	

1차 세계대전 종전 90주년을 맞이한 2008년 12월, 독일과 웨일스 대표단이 1914년의 성탄절 휴전을 기리기 위해 프렐링헨에서 만났다. 기념탑 제막식에 이어 친선 축구 시합이 벌어졌다. 이번에도 독일이 이겼는데, 점수는 2:1이었다. 시합 후, 1914년 당시에도 그러했듯 독일 측이 축구장으로 맥주통을 가져왔다. 작센 지역에서 생산한 라데베르거 필스너였다.

그러나 1914년 성탄절에 마신 맥주는 필스너가 아니라 현지의 제품이었다. 아마도 프렐링헨 양조장에서 제조한 에일 맥주였을 가능성이 가장 높다. 프랑스와 벨기에 국경 지대에 자리한 플랑드르는 원래 맥주로 유명한 지역이다.

그렝 도르주 양조장은 프렐링헨에서 20여 킬로미터 떨어진 릴의 롱셈 지역에 있다. 그곳에서 생산하는 알코올 함량 13퍼센트의 스타크비어starkbier: 알코올 함량과 풍미를 높인 맥주는 국제적으로도 유명하다. 그중에서도 '그렝 도르주 퀴베 1898'은 1차 세계 대전 당시에도 인기를 누렸던 전통 깊은 제품이다. 냉장 보관해 숙성하는 비에흐 드 가르드biere de garde 맥주로, 호박색을 띠며 달콤한 과일 맛에 약한 홉 향이 난다. 참고로 비에흐 드 가르드는 프랑스 북동부 노르파드칼레 지역에서 유래한 맥주로, 미디움 바디에 알코올 도수가 다소 높다.

1920년대 나치스 우두머리들. 늘 그렇듯 히틀러 앞에는 생수병이 놓여 있다.

14
비어할레의
선동가

·········

1차 세계대전이 끝나고 귀향한 히틀러는 내세울 만한 학력도, 자격증도 없는 서른 살의 무직자였다. 전장에서는 최전방 전령으로 두각을 드러내 상병으로 진급했고, 1918년 8월에는 일반병으로는 드물게 1급 철십자 훈장도 받았다. 그러나 같은 해 10월 1차 세계대전의 마지막 대☆전투였던 이프르전투에서 가스에 심하게 노출되어 눈과 목에 부상을 당했다. 이로 인해 그는 평생 시력이 좋지 않았고, 목소리도 특유의 그 독특한 음색을 띠게 되었다.

전후 독일 상황은 매우 불안했다. 야전병원에서 퇴원한 히틀러는 뮌헨에 있던 소속 연대 사령부에 신고하러 갔다가 연대에 설치된 조사 위원회로부터 특별 임무를 부여받았다. 뮌헨에서 레테* 공화국을

---

* 1918년 독일 혁명 당시 독일 각지에서 만들어진 노동자 평의회.

수립하려던 계획이 얼마 전 발각 나서 실패로 돌아갔는데, 그 레테에 관한 정보를 수집하는 임무였다. 얼마 후 그는 선전 장교로 진급해 뮌헨 군사 구역 지도부에 배속되었고, 그곳에서 평화주의니 사회주의니 하는 사상을 전파하려는 인물들을 감시하는 임무를 맡게 된다. 그의 임무가 바이마르공화국* 국방군이 사회 질서나 안전을 빌미로 펼치던 비밀 첩보 활동과 연계되었음은 두말할 것도 없다. 히틀러는 이미 정치가가 되기로 결심한 상태였으므로 이 일을 절호의 기회로 삼아 다양한 조직과 저항 인사들을 면밀하게 파악했다.

1919년 가을 히틀러는 지도부 정치분과로부터 자칭 '독일 노동당 Nazis: 나치스**'이라는 소규모 집단의 정체를 파악하라는 명령을 받았다. 어느 날 저녁 그는 스물다섯 명 안팎의 당원이 모여 있던 비어할레bierhalle: 맥줏집 슈테르네커브로이Sterneckerbräu에 갔다. 훗날 히틀러의 저서 《나의 투쟁Mein Kampf》에도 고백했듯 그는 당원들의 말을 들으며 특별히 감명을 받지는 못했다. 히틀러가 그 정당을 그냥 한 떼거리의 멍청이들이라고 판단하고 술집을 막 뜨려던 순간, 한 사람이 일

---

* 1919년에 성립한 독일공화국을 이르는 말. 온건파인 사회민주당, 중앙당, 민주당이 연합 내각을 결성하고 바이마르헌법을 제정했으며, 1929년 말에 시작된 세계 공황으로 경제적 타격을 받은 후 1933년 나치스 정권의 수립으로 소멸했다.

** 히틀러가 주도했던 독일의 파시스트당. 1919년에 결성되어 반민주, 반공산, 반유대주의를 내세운 독일 민족 지상주의와 강력한 국가주의를 바탕으로 1933년에 정권을 잡고 독재 체제를 확립했다. 1939년 2차 세계대전을 일으켰으나 1945년에 패전과 함께 몰락했다. 나치스의 정식 명칭은 '국가사회주의독일노동당(Nationalsozialistische Deutsche Arbeiterpartei: NSDAP)'이다. 히틀러가 가입할 당시에는 당원 수도 얼마 되지 않는 작은 정당이었으나, 히틀러가 당 지도부에 합류한 뒤로 빠르게 세력을 키웠다.

어나 바이에른의 독립을 열렬히 주장했다. 이에 히틀러는 벌떡 일어나 격한 말로 '분열되지 않은 위대한 통일 독일'을 옹호했다. 그러자 먼저 연설했던 남자는 히틀러의 말에 따르면 비 맞은 푸들처럼 기가 죽어 뒤로 물러났고, 다른 사람들은 갑자기 나타난 명연설가를 당황한 표정으로 바라보았다. 연설을 마치고 술집을 나선 히틀러를 한 남자가 따라왔다. 독일노동당을 창당한 안톤 드렉슬러 Drexler, Anton: 1884~1942 였다. 그는 당의 정강과 목표를 소개한 작은 책자를 내밀었다. 그리고 바로 다음 날, 히틀러는 자신의 입당을 허락한다는 드렉슬러의 엽서를 받았다.

히틀러의 첫 반응은 짜증이었다. 어떤 당이든 정당에 가입하고 싶은 마음 자체가 없는 사람한테 이런 멍청이 정당에 들어오라니! 히틀러는 자기 손으로 직접 창당하고 싶었다. 그런데도 그는 당장 입당을 거부하지 않고 며칠 후 알테스 로젠바트 Altes Rosenbad 비어할레에서 열린 당 지도부 모임에 참석했다. 참석자 네 사람은 히틀러를 열렬히 환영했다. 이어 지지자들의 편지가 낭독되었고, 남은 당비가 7마르크 50페니히이며, 총무는 당비를 면제해준다는 보고가 있었다. 훗날 히틀러는 이날의 에피소드에 관해 이렇게 적었다. "끔찍하군, 끔찍해. 정말 짜증스러운 열성이군. 이런 집단에 내가 가입해야 해?"

며칠 뒤 히틀러는 독일노동당의 일곱 번째 지도부로 합류했다. 《나의 투쟁》에서 히틀러가 주장했듯 일곱 번째 '당원'은 아니었다. 실제 당원 수를 두고는 기록마다 편차가 심하지만, 20명에서 40명 사이였다.

비어할레는 순수 독일, 특히 바이에른 지방의 전통으로, 그 뿌리가 까마득한 과거로 거슬러 올라간다. 로마 역사가 타키투스가 게르만 족은 중요한 큰일을 의논할 때 맥주를 마신다고 기록했을 정도로 말이다. 비어할레는 모임 장소로 사랑받았다. 무엇보다 맥주만 충분히 주문하면 따로 회의실 비용을 낼 필요가 없었기 때문이다. 비어할레는 공개 토론을 하기에도 제일 적합한 장소였다. 또, 작은 곁방이나 뒷방이 있어서 소규모 모임을 열기에도 좋았다. 그래서 적지 않은 단체가 단골 맥줏집의 곁방을 사무실로 사용했다. 대규모 모임을 원하는 사람들은 중앙의 홀을 이용했다. 보통 비어할레의 홀에는 브라스 밴드나 오케스트라가 공연할 수 있는 무대는 물론이고 연설할 수 있는 연단도 마련되어 있었다. 말솜씨 뛰어난 연설가라면 기적을 일으킬 수도 있을 그런 분위기였던 것이다.

1차 세계대전이 일어나기 전 히틀러는 오스트리아 빈에서 살았다. 그곳 사람들은 주로 카페에 앉아서 조용하게 대화를 나누었다. 따라서 처음 뮌헨에 왔을 때는 히틀러도 시끄럽고 번잡스러운 맥줏집의 분위기가 낯설었고, 심지어 천박하다고 생각했다. 하지만 얼마 안 가 그는 뮌헨의 비어할레가 편안해졌으며, 나아가 그곳에서 자신의 사상을 전파했다.

1919년 가을만 해도 40명을 밑돌던 독일노동당의 당원 수는 1920년 1월이 되자 100명을 넘어섰고, 히틀러가 적극적으로 당의 일을 맡았던 1920년 초가 되자 급속도로 늘어났다. 1920년 2월 히틀러는 자신의 메시지를 더 많은 사람에게 전달하고자 뮌헨의 유명 비어

1920년 히틀러가 전당대회를 열었던 뮌헨의 유명 비어할레 '호프브로이하우스'.

호프브로이하우스는 무려 2천 명 가까이 들어갈 수 있는 규모였다.

할레 호프브로이하우스Hofbräuhaus를 집회 장소로 잡았다. 좌석이 2천 석에 가까운 곳이었다. 당 지도부 절반이 정신 나간 짓이라고 반대했지만, 히틀러는 고집을 꺾지 않았다. 당시 그 자리에 참석했던 목격자의 증언을 들어보면 분위기는 난리통이었다고 한다. 히틀러가 연설을 시작했으나 지지자들과 반대자들의 고함 소리에 말소리가 묻혀버렸고, 종업원들은 맥주를 나르느라 쉴 새가 없었으며, 의자가 부서지고 주먹다짐이 오갔다. 히틀러는 훗날《나의 투쟁》에서 그날을 이렇게 기억했다. "네 시간쯤 지나 사람들이 하나둘 일어서기 시작했을 때…… 절대 잊혀서는 안 될 운동의 원칙이 이제 독일 민족에게로 흘러 들어갔다는 확신이 들었다."

히틀러는 열심히 비어할레들을 순회했다. 불과 3년 6개월이 지났을 무렵, '절대 잊혀서는 안 될' 그의 사상은 이미 엄청난 불길이 되어 타올랐다. 1923년 가을이 되자 나치스의 당원과 동조자가 수천 명에 달했다. 1921년 여름, 히틀러는 나치스의 1인 당수가 되었다. 당 사무실은 이미 그 전에 슈테르네커브로이의 작은 뒷방에서 비어슈투베 코르넬리우스의 큰 방으로 이사했다.

바이마르공화국은 곧 무너질 듯 위태로웠다. 독일 곳곳에서 우익 자본가들의 지원을 받은 의용군 '자유군단'이 국방군의 암묵적인 동의하에 활동했다. 좌우를 막론하고 정당들은 자체 군사 조직을 갖추고 폭력 행위나 시가전을 벌였다. 나치스의 돌격대SA 역시 이들과 같은 군사 조직이었는데, 다른 조직보다 무장과 군기가 월등했다. 지방에서 폭동과 혁명이 일어나자 베를린 중앙정부는 국방군과 자유군단에 지원을 요청했다. 일부 지역에서는 비상사태가 선포되었다.

바이에른 주정부는 구스타브 폰 카르 총리, 바이에른 주둔군 사령관 오토 폰 로소프 장군, 바이에른 경찰국장 한스 폰 자이서 대령이 이끄는 삼두체제였다. 1923년 가을, 베를린 중앙정부는 공공질서와 안전을 위해 나치스 기관지 〈푈키셔 베오바흐터Völkischer Beobachter: 국민의 감시자〉를 불법화하고 자유군단의 장교 몇 명에게 체포령을 내렸다. 그러나 바이에른 주정부는 베를린의 지시는 일절 따르지 않겠다고 선언했다. 뮌헨에서 긴장이 고조되었다. '위대한 독일'을 외치는 히틀러의 입장에서는 베를린 중앙정부의 명령보다 바이에른 주정부의 태도가 더 우려되었다. 혹시라도 카르 총리의 주정부가 바이에른의 독립을 선포하고 비텔스바흐 가문Haus Wittelsbach 의 왕정으로 복귀할까봐 염려되었던 것이다. 그는 마침내 결단을 내리고 행동에 나설 때가 왔다고 생각했다.

뮌헨의 여러 비어할레에서 맥주잔이 오갔다. 고대 바빌로니아의 왕 함무라비가 술집에 모여 음모를 꾸민 반역자들을 붙잡아 궁으로 데려가지 않은 술집 주인을 똑같이 사형에 처해 엄벌을 내린 데에는 다 합당한 이유가 있었던 것이다.

긴박한 정치 상황 탓에 카르 총리가 11월 8일에 뮌헨에서 가장 큰 비어할레 뷔르거브로이켈러Bürgerbräukeller에서 연설할 것이라는 바이에른 주 정부의 발표가 있었다. 로소프 장군과 자이서 대령도 참석할

---

* 독일이 1차 세계 대전에서 패전하기 전까지 바이에른을 지배한 가문.

것이라고 했다. 뷔르거브로이켈러는 1885년에 문을 연 비어할레다. 뷔르거리셰스 브라우하우스Bürgerliches Brauhaus가 1920년 뢰벤브로이 Löwenbräu: 사자 양조장와 합병하면서 이곳에서도 사자 상표가 붙은 맥주를 판매했는데, 이곳은 1920년대 초 나치스의 주요 모임 장소 중 하나였다. 뢰벤브로이의 최대 주주 가운데 한 명인 요제프 슐라인이 유대인이었지만, 당시만 해도 나치스는 그런 문제에 크게 개의치 않았던 것 같다.

11월 8일 목요일, 어스름이 깔리자 하이드하우젠구 로젠하이머 거리의 뷔르거브로이켈러로 사람들이 몰려들었다. 그런데 그 옆길에서는 다른 움직임이 목격되었다. 8시 직후 카르 총리가 연설을 시작할 무렵, 비어할레는 3천여 석의 홀이 빈틈없이 꽉 차 있었다. 밖에서 무장한 SA 대원들이 비어할레를 에워쌌다. 총리가 30분쯤 연설했을 무렵인 8시 45분, 갑자기 홀의 문이 벌컥 열렸다. 몸에 비해 너무 큰 검은 양복을 입고 넥타이를 삐딱하게 맨 아돌프 히틀러가 행진하듯 안으로 걸어 들어와 탁자 위로 뛰어 올라가더니, 천장을 향해 총을 쏘고는 조용히 하라고 외쳤다. 그를 따라 SA 대원들이 묵직한 기관총을 홀로 밀고 들어와 청중을 향해 총을 겨누었다. 놀란 카르 총리가 연설을 중단했다. 순식간에 정적이 깔렸다.

히틀러는 탁자에서 내려와 연단으로 달려가더니 총리를 옆으로 밀치고는 민중 혁명이 일어났으므로 누구도 밖으로 나가서는 안 된다고 외쳤다. 그러고는 바이에른 정부는 실각했으며, 임시제국정부가 수립되었고, 경찰과 군이 혁명을 지지하고 있노라고 선언했다. 히틀러의 뒤를 이어 '살아 있는 전설'이 등장했다. 1차 세계대전 때 독일 육군 참모차장으로, 힌덴부르크Hindenburg, Paul von: 1847~1934 * 다음 가는 2인자 에리히 폰 루덴도르프Ludendorff, Erich von: 1865~1937 장군이었다. 그는 독일 장군 군복을 정식으로 차려입고 반짝반짝 광이 나도록 닦은 군화에 가죽 헬멧까지 쓴 차림이었다. 당시만 해도 나치스에 호의를 품었던 루덴도르프는 58세였고 뇌동맥경화를 앓고 있었다. 아마 그는 히틀러가 어떤 행사에 자신을 초대했는지 정확히 몰랐던 것 같다. 어쨌든 그 자리에 모인 사람들은 유명한 전쟁 영웅을 박수갈채로 환영했다.

히틀러는 기관총을 가리키며 정숙을 요청한 후 카르 총리, 로소프 장군, 자이서 대령을 옆방으로 데리고 들어갔다. 그가 세 사람과 협상하는 동안 헤르만 괴링Göing, Hermann이 연단에 올라 사람들을 안심시켰다. 자신들은 우호적인 의도로 여기에 왔으므로 걱정할 필요가 없다고 말했다. "여러분은 맥주나 드시면 됩니다." 브라스밴드가 흥겨운 곡을 연주했고 종업원들이 맥주잔을 날랐다.

옆방에 들어간 히틀러는 세 사람에게 혁명에 동참할 것과 새 제국 정부에서 그들에게 할당할 공직을 맡아줄 것을 요구했다. 그러나 모두가 귀족이었던 세 사람은 독일 귀족 장교가 과거의 상병을 바라보는 듯한 시선으로 히틀러를 쳐다보았고, 그에게 협력할 마음이 없다

---

* 독일의 군인이자 정치가. 1차 세계대전 때에 타넨베르크의 전투에서 러시아군을 크게 물리치고 국민적 영웅이 되었다. 1925년에 독일공화국의 2대 대통령에 당선되고 1932년에 재선되었으나, 1933년 나치스의 압력에 굴복해 정권을 넘겨줌으로써 바이마르공화국의 종말을 재촉했다.

뷔르거브로이켈러 비어할레가 있던 자리에 지금은 게오르크 엘저 기념 현판이 설치되어 있다. 엘저는 히틀러를 노리고 폭탄을 설치한 인물이다. ⓒCEphoto, Uwe Aranas

는 점을 확실히 밝혔다. 히틀러가 흔들어댄 권총도 그들의 협력 의지를 키우지는 못했다. 혁명의 관점에서 보면 안타까운 후퇴였지만, 히틀러는 전혀 동요하지 않았다. 그는 사람들이 모여 있는 홀로 돌아가 방금 새 정부가 수립되었으며, 자신이 그 정부의 수반임을 선언했다. 또 루덴도르프 장군을 군 최고사령관으로 임명할 것이며, 바이에른을 공화정의 부패로부터 해방시키고 나면 베를린으로 행진해 그 썩은 도시를 청소하고 새 제국의 수도로 삼을 것이라고 외쳤다. 사람들의 환호성이 벽을 흔들었다.

히틀러는 다시 옆방으로 들어가 세 사람과 협상을 재개했다. 홀에서 무슨 사태가 일어났는지 간파한 세 사람은 결국 홀에 나가 히틀러의 계획에 동조한다고 말했다. 분위기가 달아올랐다. 맥주잔이 허공을 가르고 밴드는 승리의 행진곡을 연주했으며 열정적인 사람들은 탁자로 올라가 춤을 추었다. 루덴도르프 장군만 짜증이 잔뜩 난 표정이었는데, 새 독일의 지도자가 자신이 아니라 히틀러였기 때문이다.

SA 대원들은 몇몇 주요 지점을 점거했다. 열광의 도가니에 빠진 비어할레로 정규군과 전투가 벌어졌다는 소식이 당도했다. 히틀러는 루덴도르프 장군에게 바이에른 정부의 세 지도자를 감시하라고 이르고 자신은 직접 상황을 파악하고자 술집을 나섰다.

그러나 히틀러가 다시 비어할레로 돌아왔을 때는 분위기가 완전히 죽어 있었다. 사람들이 자리를 뜨기 시작했지만, 세 지도자는 군중을 붙잡아두려는 노력도 하지 않고 그냥 제 갈 길로 가 버렸다. 게다가 그날 밤, 세 사람은 자신들의 견해 표명이 총구 앞에서 강요된 것이었기에 무효라고 선포했다. 혁명의 시작은 원대했으나 끝은 허무했다.

다음 날인 11월 9일 아침, 나치스는 3천여 명의 시위대를 이끌고 나치스의 상징 하켄크로이츠Hakenkreuz 깃발을 휘날리며 뷔르거브로이켈러를 나와 뮌헨 시내로 행진했다. 히틀러와 최측근 당원들이 선두를 지켰고, 그 뒤를 무장한 SA 부대가 따랐다. 이들은 루트비히 다리에서 경찰의 저지를 받았으나 히틀러의 뛰어난 말솜씨와 동행한 루덴도르프 덕분에 무사히 통과했다. 하지만 도심의 오데온광장에서 무장한 경찰들과 충돌했다. 어느 쪽에서 먼저 발사했는지는 확실하지 않다. 그러나 한 발의 총성이 울렸고, 그 뒤를 따라 양측에서 동시에 총알을 날리면서 경찰 세 명과 나치스 당원 열여섯 명이 즉사했다는 사실은 모든 기록에 공통으로 남아 있다. 총성이 울리자 히틀러는 어찌나 격하게 바닥으로 몸을 던졌는지 어깨가 탈골되고 말았다. 루덴도르프 장군은 남달랐다. 총알이 날아다니는데도 엎드리지 않고 훈장을 짤랑이면서 앞으로 계속 행진해 경찰 저지선을 뚫고 지나갔다. 물론 결국에는 저지당했고 경찰들이 예의를 갖추어 그를 연행했지만 말이다.

히틀러는 그 사건으로 재판을 받아 반역죄로 5년 징역형을 선고받았으나 8개월만 복역했다.

히틀러의 맥주 취향이나 그 밖의 선호도에 관해서는 놀라울 정도로 알려진 것이 적다. 뮌헨 시절 친구였던 에른스트 한프슈탱글은 히틀러가 종종 흑맥주 한 잔을 마셨다고 했다. 하지만 1924년의 반역죄 재판에서 그는 자신은 술을 마시지 않으며, 목이 마를 때 물이나 맥주 한 모금 정도 마시는 것이 전부라고 주장했다.

예부터 독일 사람들 사이에는 건강에 관한 각종 학설이 유행했다. 나치스는 초기에 히틀러를 건강한 채식주의자이며 광천수 애호가라고 선전했다. 이러한 금욕적 이미지는 나치스 선전 장관 요제프 괴벨스Goebbels, Paul Joseph가 만들어낸 것으로, 사실과 달랐다. 바이에른의 농촌에 자리 잡은 홀츠키르히너 오베르브로이Holzkirchner Oberbräu 양조장은 히틀러만을 위해 특별한 맥주를 만들어 공급했다. 알코올 함량이 2퍼센트 미만인 라거 흑맥주였다. 영국 정보부도 이 사실을 알고서 1944년에 폭슬리Foxley 작전의 하나로 맥주에 독을 타서 그를 암살하려는 계획을 세우기도 했다.

뢰벤브로이 오리지널

Löwenbräu Original 뮌헨(독일)

유형	라거	
알코올 함량	5.2%	
비중	11.7°P	
쓴맛	20 EBU	●●
색상	6.9 EBC	●

1930년대와 2차 세계 대전 동안 뷔르거브로이켈러 비어할레는 나치스의 성지나 다름없었다. 실패로 돌아간 혁명의 날이면 해마다 성대한 기념행사가 그곳에서 거행되었다. 1939년 11월 8일, 히틀러를 노린 폭탄이 터지면서 비어할레가 피해를 보았다. 그날따라 히틀러는 평소보다 훨씬 짧게 연설을 마치고 자리를 뜬 덕분에 무사했다. 폭탄이 터진 곳은 30분 전까지 히틀러가 연설하던 곳에서 불과 2미터 떨어진 곳이었다.

1945년 미 군정은 뷔르거브로이켈러 비어할레를 폐쇄했다가 다시 문을 열어 1957년까지 뮌헨 주둔군의 식당으로 사용했다. 1958년에는 뢰벤브로이의 상징을 달고 다시 문을 열었지만, 과거의 영화를 되찾지는 못했다. 결국, 비어할레는 1970년대에 문을 닫았고 1979년에 건물이 헐렸다. 현재 그 자리에는 히틀러를 노리고 폭탄을 설치했던 게오르크 엘저Elser, Johann Georg를 기리는 추모 현판이 박혀 있다. 힐튼호텔과 가슈타이크 문화센터 중간 지점이다.

뢰벤브로이 양조장에서 가장 잘 팔리는 제품은 '뢰벤브로이 오리지널'이다. 뷔르거브로이켈러에서 팔던 그 종류로, 예부터 내려오는 바이에른의 맥주순수령을 잘 지켜 만든 페일 라거다. 풀 바디 맥주로, 맥아와 홉 맛이 살짝 난다.

독일 외무부 장관 구스타프 슈트레제만(왼쪽)이 영국의 오스틴 체임벌린 및 프랑스의 아리스티드 브리앙(오른쪽)과 협상 중이다. 1925년 이탈리아 로카르노.

15
맥주에서 나온
외교력

....

구스타프 슈트레제만Stresemann, Gustav: 1878~1929은 바이마르공화국의 외무장관이었다. 당시 독일은 1차 세계대전의 패전국인 만큼 대내외적으로 균형이 필요한 시기였다. 슈트레제만은 그 막중한 임무를 유능하게 해냈다. 젊은 시절 맥주를 나르던 그 튼튼한 손으로 전후의 독일을 멋지게 이끈 것이다. 국가는 균형을 잘 잡았고, 이웃 나라들과의 관계 역시 어느 한 쪽으로 치우침이 없었다.

  슈트레제만은 국민경제학을 전공한 덕분에 경제적 지식도 풍부했다. 박사 논문의 주제는 베를린의 맥주 상거래였다. 그러나 그가 너무 일찍 세상을 떠나는 바람에 애써 일구어 놓은 독일의 안정적 지위는 불과 몇 년을 버티지 못하고 앞장에서 소개한 그 오스트리아 출신 상병의 손에 처참히 무너지고 말았다.

  구스타프 슈트레제만은 1878년 베를린의 중하층 집안에서 태어났다. 아버지는 맥주 도매업자로, 베를리너 바이세Berliner Weisse로 불리는 밀맥주를 양조장에서 통째로 사서 병에 나누어 담은 후 소매점에 납품했다. 슈트레제만 가족의 집은 루이젠슈타트구의 쾨페니커 거리에 있었는데, 같은 건물에 가족이 운영하는 술집이 있어서 밀맥주와 간단한 안주를 팔았다. 두 개의 작은 뒷방에는 숙박 손님도 받았다.

구스타프는 일곱 형제 중 막내로, 키가 바의 높이를 넘자마자 술집에서 이런저런 일을 도왔다. 하지만 집안에서 제일 머리가 좋았던 그는 맥주 상거래의 경제적 측면에 특히 관심이 많았다. 초등학교에 다닐 때부터 통 맥주의 리터당 가격이 얼마인지, 한 병 가격으로 얼마나 받을 수 있는지, 맥주를 나누어 담고 배달하는 인건비는 얼마인지를 훤히 알았다.

19세기 말이 되자 베를린의 양조장들이 하나둘씩 병 포장 시설을 갖추면서 병맥주 시장의 경쟁이 치열해졌다. 슈트레제만 가족은 그럭저럭 먹고살 만했지만, 구스타프는 미래를 걱정했다. 가족 사업의 장래가 밝지 않다고 생각했기 때문이다.

고등학교 졸업반 시절 그는 문예학과 역사를 전공으로 택할 생각이었지만, 정작 전공을 결정할 시기가 오자 안정된 수입을 보장받을 수 있는 경제학을 선택했다. 1897년 그는 베를린 프리드리히-빌헬름대학교지금의 훔볼트대학교에 입학했고, 1년 후 다시 라이프치히대학교로 학적을 옮겨 국민경제학을 공부하기 시작했다. 시간이 흘러도 맥주 생산의 경제적 측면에 대한 그의 관심은 여전해서 라이프치히에서 쓴 박사 논문 역시 자신이 몸소 경험한 베를린의 병맥주 상거래를 주제로 삼았다.

〈베를린 병맥주 사업의 발전〉이라는 제목의 박사 논문은 맥주 상거래의 역사를 개관하고, 19세기 말과 20세기 초의 베를린 맥주 시장 현황을 분석한 것이다. 개인적으로는 슈트레제만은 양조장은 맥주를 생산하고, 도매상은 그 맥주를 술집에 납품하거나 병에 나누어 담아 소매상에 공급하는 전통적인 방식의 노동 분업에 더 호감을 품었다. 그렇지만 논문에서는 양조장이 병 제품 생산으로 활동 분야를 확대하는 데 반대하지 않았다. 물론 그렇게 하면 그의 아버지 같은 수많은 소기업이 일자리를 잃겠지만, 시장에서 성공하려면 경제적 효율성이 필요하다고 그는 주장했다. 또 양조장과 도매상은 적군이 아닌 동맹군임을 잊지 말아야한다고 경고했다. 양조장이 수익을 내지 못하면 그곳과 협력하는 도매상의 장래도 밝지 않을 테니 말이다.

소기업에는 전문화와 협업을 권유했다. 혼자서 운송, 개별 포장, 납품, 술집 운영을 다 하면서 대기업 양조장과 같은 효율성을 기대하는 것은 무리한 바람이다. 그러므로 도매상들이 각기 분야를 나누어, 예를 들면 한 도매상은 맥주통 운송만 전문으로 담당하고, 다른 도매상은 양조장이 이런저런 이유로 처리할 수 없는 특별 제품의 개별 포장을 전담하며, 또 다른 도매상은 맥주 상자를 소매상에게 배달하는 일만 맡고, 또 다른 업체는 술집 운영만 전문적으로 한다면 훨씬 경제성이 높아질 것이라고 했다. 또 도매상들이 공동으로 자체 양조장을 설립해 자신들의 입지를 강화하는 방법도 제안했다.

나아가 슈트레제만은 유유자적 파이프 담배를 피우며 밀맥주를

1975년에 발행된 슈트레제만의 초상화가
담긴 우표.

마시는 베를린의 전통을 위협하는
것은 현대화에 돌입한 베를린 맥주
기업이 아니라고 주장했다. 그보
다는 바이에른식 라거맥주가 소비
자의 선택권과 사업자의 미래를 더
위태롭게 한다고 생각했다. 베를린
바이세는 제조하는 데 시간이 오
래 걸리므로 하면발효 방식의 라거
맥주처럼 생산량을 단박에 늘릴 수
없다. 그래서 슈트레제만은 베를린
양조장과 맥주 거래상들이 전통 방식만 고집할 것이 아니라 새로운
형태의 협력 방안을 모색해 효율성을 높여야한다고 결론 내렸다. 그
래야 뮌헨에서 그랬듯 라거맥주가 베를린 맥주 시장을 정복하는 일
을 막을 수 있다고 말이다.

그의 논문은 좋은 평가를 받았다. 연구 범위가 약간 광범위하다는
언급은 있었지만, 주제에 대한 이해가 뛰어나다는 칭찬을 들었다. 역
사를 이끄는 힘으로써 경제가 지닌 의미를 이론적으로 파악한 점도
좋은 점수를 받았다. 물론 그 당시 그의 논문을 심사한 교수들은 자
신의 제자가 맥주 상거래를 통해 얻은 깨달음으로 25년 후 독일의 외
교 정책을 이끌게 되리라고는 꿈에도 예상하지 못했을 것이다.

슈트레제만은 박사 학위를 받은 후 기업가 단체에서 경력을 쌓았
다. 활동 분야는 여전히 식품으로, 독일 초콜릿제조업자협회에서 행

정 업무를 맡다가 그 후 작센 제조업자협 회 회장이 되었다. 더불어 그는 정계에 도 서서히 발을 들여놓았다. 1918년 1차 세계대전이 끝나고 독일이 공화국 이 되자 슈트레제만은 국민자유당 창설 에 동참했고 초대 당수로 임명되었다. 국 민자유당은 인기가 높았다. 1923년 슈트 레제만은 대연정의 총리로 선출되었고, 1923년부터 1929년 세상을 떠날 때까지 독일 외무장관을 지냈다.

구스타프 슈트레제만 탄생 100주년 기념주화(5마르크). ⓒJobel(Wikipedia)

　그의 외교 정책은 어릴 적 아버지의 술집에서 일을 거들 때나 베를 린 맥주 상거래를 분석할 때 중요하게 여겼던 바로 그 원칙을 바탕으 로 삼았다. 언제나 관건은 균형이었다. 슈트레제만은 폭력이나 협박 으로 유지되는 일방적 독재 정책은 전후 국제관계에서 더는 통하지 않는다고 확신했다. 더욱 장기적인 해결 방안은 국가 간 협력을 증진 해 모든 국가가 자국의 이해관계에 맞는 역할을 찾는 것이었다. 베를 린 맥주 시장이 대량생산으로 이윤을 남기는 대기업 양조장뿐 아니 라 전문화의 길을 모색하는 소기업에도 생존을 보장했듯, 슈트레제 만이 구상한 새로운 유럽에서도 열강과 소국이 각자의 자리와 성공 전략을 찾을 수 있어야했다.

　그러나 어떻게 해야 국경을 초월하는 그의 사상이 자국 유권자들 에게 매력을 발휘할 수 있을까? 이는 아주 복잡 미묘한 문제였다.

1923년 슈트레제만이 대연정의 총리가 되어 정부를 넘겨받을 당시 국가 재정은 파탄 지경이었고, 극심한 인플레이션으로 화폐는 종잇조각이나 다름없었다. 그 직전, 프랑스와 벨기에가 루르 지역을 점령했고 나라 곳곳에서는 소요 사태가 벌어졌다. 1923년 10월에는 라인란트가 독립을 선언했고, 11월에는 나치스가 바이에른에서 혁명을 시도했다. 이런 상황에서 국민에게 독일과 프랑스의 우호 관계나 유럽의 경제 협력을 호소하기란 결코 쉬운 일이 아니었다. 따라서 슈트레제만은 섣불리 그런 말을 입에 올리지 않았다. 자국에서는 외교 정책을 연설로 알리지만, 국제 무대에서는 행동으로 보여줘야 한다는 사실을 잘 알고 있었기 때문이다. 연설과 행동을 일치시키려는 노력은 허사로 돌아갈 것이 뻔했다. 그래서 슈트레제만은 자국민에게 독일의 국제적 입지를 높이겠다고 소리 높여 외치면서도 그 방법이 겸손과 화해라는 사실은 굳게 함구했다.

슈트레제만은 외교 정책에 집중하기에 앞서 독일 경제를 안정시키고 국내 불안을 잠재웠다. 그가 선택한 방법은 구舊 마르크와의 교환 비율을 1대 1조兆로 정한 새 화폐 렌텐마르크Rentenmark를 도입하는 것이었다. 덕분에 그의 재임 기간 중 하늘 높은 줄 모르고 치솟던 인플레이션의 소용돌이가 멈추었다. 화폐란 액면가가 실제가와 일치해야 인정받는다는 사실을 슈트레제만이 충분히 이해하고 있었기에 가능한 일이었다. 술집 주인도 아무한테나 외상을 주지 않는다. 회사 사장님한테는 마시고 싶은 만큼 외상을 주지만, 노숙자한테는 인색할 수밖에 없다. 렌텐마르크는 토지와 산업 시설을 담보로 잡았

마인츠에 있던 구스타프 슈트레제만 기념관. 1931년에 건립했으나 1935년에 파괴되고 말았다.
©Marion Halft(Wikipedia)

기에 가치가 안정적이었다. 패전의 여파로 독일제국은행이 보유한 금은 없었지만, 이런 식으로 화폐 가치를 보장한 덕분에 새 화폐는 힘을 발휘할 수 있었다.

외무장관으로서는 독일의 지위를 1차 세계대전의 승전국들과 동등한 위치로 끌어올리려고 노력했다. 국가 간 신뢰는 개인 간 신뢰에서 출발한다는 사실을 슈트레제만은 잘 알았다. 그리고 그 개인의 신뢰를 어떻게 쌓을 수 있을지도 오랜 술집 경험으로 너무나 잘 알았다. 국빈 방문은 의정서나 형식적인 회담으로 그치지 않았다. 슈트레제만은 외빈들과 저녁 시간을 함께 보내며 사담을 나누고, 독일 국민술 맥주를 마셨다. 이 방법은 특히 프랑스의 아리스티드 브리앙Briand, Aristide: 1862~1932 총리에게 잘 먹혔다.

프랑스 국민은 여전히 독일을 철천지원수라고 생각했지만, 슈트레제만과 브리앙은 힘을 합쳐 프랑스 국민을 설득했다. 독일의 기를 꺾는 것이 장기적으로 볼 때 양국 어느 쪽에도 득이 되지 않음을 설파한 것이다. 마침내 1925년 슈트레제만이 발의한 로카르노조약*이 체결되어 독일은 서부 국경을 지켰고, 이듬해에는 국제연맹에도 가입했다. 데탕트détente**의 두 영웅인 슈트레제만과 브리앙은 1926년 노벨평화상을 공동 수상했다.

유럽 협력의 선구자 쿠덴호프-칼레르기의 말대로 슈트레제만이 유럽 협력을 위해 노력한 이유는 "유럽을 사랑해서가 아니라 독일을 사랑하기 때문"이었다. 슈트레제만은 멀리 내다보는 탁월한 안목으로 국가 간 협력이 모두에게 득이 된다고 믿었다. 또 이웃 국가의 경제적 상호 의존이 전쟁을 예방하는 열쇠가 되기도 한다고 그는 생각했다. "오늘날 프랑스는 유럽 최대의 아연 매장국이지만, 석탄 매장량은 부족하다. 반면 폴란드는 석탄은 풍부하지만 산업 시설이 전무

---

* 스위스 남부의 로카르노에서 체결한 중부 유럽의 안전 보장에 관한 조약. 영국, 프랑스, 독일, 이탈리아, 벨기에 5개국 간의 상호 안전을 보장하고 독일과 벨기에, 프랑스, 폴란드, 체코슬로바키아 사이에 독일 국경의 현상 유지, 상호 불가침, 중재 재판 따위를 규정하여 1차 세계대전 후의 유럽 안정을 꾀하였으나, 1936년에 독일에 의하여 파기되었다.

** 적대 관계에 있던 두 진영이나 국가들 사이에 지속되던 긴장이 풀려 화해의 분위기가 조성되는 상태. 또는 그것을 지향하는 정책.

베를린에 있는 슈트레제만의 무덤. ⓒZ thomas(Wikipedia)

하다. …… 이런 경제 추세로 보건데 협력이 시급하다."

　그러나 1920년대에 슈트레제만이 외쳤던 '하나의 유럽'에 유럽 국가들이 호응하기까지는 25년이라는 세월과 또 한 번의 세계대전을 거쳐야 했다. 1951년에 출범한 유럽석탄철강공동체는 유럽의 평화로운 경제 협력을 준비했고, 유럽의 경제 통합은 유럽경제공동체EEC와 유럽연합EU을 통해 깊이를 더했다. 2012년 유럽연합이 노벨평화상을 받았을 때 여러 기념연설에서 1940년대 말과 1950년대 초 독일과 프랑스의 관계 개선을 언급했다. 하지만 그와 비슷한 우호와 협력, 상호 지원의 구상이 1920년대에 이미 존재했었다는 사실을 아는 사람은 많지 않은 것 같다.

　1927년부터 중증 심장 질환을 앓던 구스타프 슈트레제만은

1929년 10월 심장 마비로 세상을 떠났다. 그는 베를린 크로이츠베르크의 루이젠슈타트 묘지에 묻혔다. 상징이나 다름없는 당수를 잃은 국민자유당에서는 많은 추종자가 이탈했다. 극좌, 극우 정당들이 날뛰기 시작하더니 1932년 이미 아돌프 히틀러가 이끌고 있던 나치스가 독일 최대 정당이 되었다. 화해와 균형의 시대는 그렇게 막을 내리고 말았다.

베를리너 킨들 바이세

Berliner Kindl Weisse 베를린(독일)

유형	밀맥주
알코올 함량	3%
비중	7.5°P
쓴맛	4 EBU ●
색상	4~7 EBC ●

나폴레옹이 이끄는 프랑스군은 1809년 러시아를 향해 진격하던 중 베를린에서 처음으로 밀맥주를 맛보고 '북쪽의 샴페인'이라는 이름을 붙였다. '베를리너 킨들 바이세'는 가히 역사적 유물이라 부를 만한 맥주다. 17~18세기만 해도 독일 북부 곳곳에서 알코올 도수가 낮은 신맛의 밀맥주를 생산했지만, 라거맥주가 세계를 정복하면서 양조장이 하나둘 문을 닫았다. 그런데 베를린만 예외였다. 19세기 맥주의 황금시대에도 베를린에서는 수백 곳의 양조장이 바이세를 생산했다. 20세기 들어서는 잠시 인기가 시들었으나 21세기가 되면서 전통적인 지역 맥주에 대한 관심이 되살아났다. 현재 베를리너 바이세는 지역 특산물로 보호받고 있다. 대량으로 생산되는 유일한 품종은 킨들-슐타이스Kindl-Schultheiss 양조회사의 베를리너 킨들 바이세뿐이지만, 바이세를 생산하는 작은 양조장은 아주 많다.

여과하지 않은 베를리너 킨들 바이세의 색깔은 품종에 따라 맑은 노란색에서 짙은 황금색까지 다양하다. 식초, 밀, 레몬 냄새가 강하고 감귤과 사과 맛이 난다. 바이세는 그대로 마시기도 하지만, 라즈베리나 우드러프woodruff 시럽을 넣어 신맛을 줄여 마시기도 한다. 시럽을 넣은 맥주는 색깔이 붉거나 초록색이다.

1920년대 투르 드 프랑스에 출전한 두 선수가 시골 선술집 바깥 계단에서 맥주로 갈증을 달래고 있다.

16
투르 드 프랑스와
맥주

·········

"술만 마시는 것보다야 운동도 하고 술도 마시는 편이 낫다." 20세기 초 핀란드식 야구 '페세팔로Pesäpallo'를 개발한 라우리 피히칼라는 이런 말을 한 적이 있다. 그가 이렇게 이야기한 데는 다 그럴 만한 이유가 있다. 예부터 운동선수들이 술을 즐겼기 때문이다. 물론 20세기 초에 핀란드 체조협회나 스포츠협회가 금주 운동을 벌이기는 했지만, 자고로 스포츠는 금주보다는 음주와 더 오랜 세월을 함께했다. 세계 최고 권위를 자랑하는 사이클 대회 '투르 드 프랑스Tour de France'만 보아도 술에 얽힌 일화들이 적지 않다. 맥주 덕분에 구간 우승을 차지한 일이 적어도 한 번은 있었으니 말이다.

현대 스포츠의 뿌리는 19세기 영국으로 거슬러 올라간다. 상류층은 물론이고 날로 숫자가 늘어나던 노동자 계급의 신체 단련 활동이 점차 정식 스포츠로 발달했다. 계층을 막론하고 몸을 쓸 때는 목을 축이지 않을 수 없는 법. 귀족들은 크리켓 경기를 할 때 주로 홍차를 마셨지만, 경기가 끝나면 술도 함께 마셨다. 골프를 칠 때는 보통 한 라운드를 돈 후 19번 홀에서 술을 한두 잔 마셨다. 서민들이 좋아한 팀 스포츠 종목은 맥주와 진, 화주火酒*를 마시며 잔치 분위기를 내던 직거래 장터의 시합을 모델로 삼았다. 또 맥주가 전통적으로 육체노동자의 영양 보급에 크게 이바지했다는 사실도 잊어서는 안 된다. 런던 부두의 하역 노동자들이 포터맥주**를 마시며 힘을 냈듯 운동선수들 역시 술을 통해 힘을 얻었다.

1828년 존 배드콕이라는 스포츠 작가는 운동선수들에게 이렇게 권고했다. "운동선수에게 최고의 술은 도수가 강한 에일이다. 이 술은 반드시 차게 마셔야한다. 최고의 맥주는 집에서 양조해 오래 묵히되 병에 나누어 담지 않은 맥주다. 맥주가 몸에 안 맞으면 적은 양의 적포도주도 괜찮지만, 점심식사 후에 반 파인트0.28리터가 넘지 않는 양만 마셔야한다. 맥주는 하루에 3파인트1.7리터를 넘기지 말아야 하며, 아침식사와 점심에는 곁들여도 좋지만 저녁식사 때는 금물이다. 물은 마시면 안 되고, 독한 증류주는 아무리 희석한다고해도 절대로 마셔서는 안 된다."

배드콕은 시대를 앞서간 인물이었다고 할 수 있겠다. 19세기만 해도 증류주는 스포츠음료로 널리 애용되었다. 증류주가 기량 향상에

---

* 소주, 보드카, 위스키 따위처럼 알코올 도수가 높은 술. 또는 불을 붙이면 탈 만큼 독한 증류주.
** 상면발효 방식으로 생산되는 영국식 맥주의 한 종류.
　어두운 색이며, 에일과 유사하다.

도움이 되며, 무엇보다 단기적 자극제로 유용하다고 생각했기 때문이다. 19세기 말에 와서야 이런 관행에 제동이 걸렸지만, 극단적인 금주론자를 제외하면 여전히 운동선수의 음주에 대해 크게 엄격하지 않은 분위기였다. 음주를 비판하더라도 증류주는 피하고 맥주를 마시라고 권하는 수준이었다. 그마저 대부분은 증류주도 조금씩 마시면 괜찮다고 했다. 그래서 장거리 육상선수들은 코냑을 선호했고, 사이클선수들은 럼과 샴페인으로 에너지를 충전했다. 1900년에 마거릿 가스트는 500마일, 1천 마일, 2천 마일, 2천500마일 등 자전거 경주 네 종목에서 여자 세계 신기록을 경신했다. 그런데 2천500마일 경주 때는 13일에 가까운 296시간 동안이나 페달을 밟아야 했기에 도중에 소량의 맥주와 브랜디를 자주 마셨다.

지구력 경기에서 술을 자극제로 오용한 가장 유명한 사례는 1904년의 세인트루이스 올림픽 마라톤 경기였다. 금메달리스트 토머스 힉스가 경기 도중 탈진한 모습을 보이자 코치가 브랜디에 스트리크닌*strychnine을 섞어 그에게 건넸다. 그러나 한 잔을 마셔도 원하던 효과가 나타나지 않자 또 한 잔을 건넸다. 힉스는 기운을 차리고 무사히 결승선을 통과했지만, 곧바로 실신해 쓰러졌다. 다행히 영구 손상은 없었으나 의사들은 한 잔만 더 마셨더라면 목숨을 잃었을 것이라고 말했다. 곁말이지만 스트리크닌은 훗날 쥐약의 주요 성분으

---

* 마전의 씨에 함유되어 있는 알칼로이드. 정신자극제로 쓰며, 쓴맛이 있는 흰 결정성의 유독물이다. 미소량은 척수장애, 골격근 무력증, 시각 청각 기능의 저하, 성기능 저하따위에 유효하지만, 양이 지나치면 중추 신경 마비, 근육경직, 경련 따위를 일으킨다.

로 쓰였다.

20세기 초반이 되자 자전거 경주에서 독한 증류주를 마시던 관행은 크게 줄었다. 선수의 건강이나 스포츠 정신이 주목받은 덕분이기도 했지만, 그보다는 코카인이나 헤로인처럼 피로감과 통증을 줄이는 다른 물질을 더 애호했기 때문이다.

그러나 맥주는 여전히 사이클 대회에서 일반적으로 이용되는 술이었다. 1903년 제1회 투르 드 프랑스가 열렸다. 처음에는 일정 구간마다 급수대를 설치해 참가자들에게 가벼운 음식과 음료를 제공했다. 그런데 구간의 간격이 너무 멀어서 물이 떨어진 선수는 다음 급수대가 나타날 때까지 무조건 참을 수밖에 없었다. 규정상 선수들끼리는 서로 도우면 안 되었기에 다른 선수에게 마실 것을 부탁할 수도 없었다. 이럴 때 목을 축일 방법은 세 가지였다. 길에 서서 응원하는 관중에게 음료를 얻거나, 길가의 분수대에서 목을 축이거나, 길가의 술집에서 잠시 쉬어가면 되었다. 선수들은 세 가지 방법을 모두 활용했다. 때로 한 무리가 모이면 아예 선수들끼리 약속을 하고서 함께 목을 축이며 휴식을 취하기도 했다. 그런 약속 없이 경기를 멈추고 마을 술집에서 맥주 한 잔을 들이켠 그 몇 분이 전체 경기 상황을 완전히 뒤바꾼 경우도 드물지 않았다. 1905년에서 1912년까지 투르 드 프랑스는 총 소요 시간이 아닌 결승점 통과 순서로 등수를 매겼다. 물론 소요 시간을 등수의 기준으로 다시 도입하고 나서도 선수들의 속도는 크게 개선되지 않았다. 예를 들어 1914년 대회에서는 1등과 10등 선수의 결승선 통과 시간이 무려 여덟 시간이나 벌어졌다.

제29회 투르 드 프랑스가 열린 1935년 7월 24일 수요일은 구름 한 점 없는 화창한 여름날이었다. 바람도 잠잠했고 기온은 오전인데도 벌써 섭씨 30도를 넘었다. 그날 선수들은 포에서 보르도까지 총 17구간 224킬로미터의 평지를 무더위와 싸우며 달려야했다. 선두 그룹이 말없이 긴 줄을 지어 차분한 속도로 북서쪽으로 달렸다. 누구도 속도를 높이거나 그룹을 앞질러 독주할 이유가 없다고 생각하는 것 같았다. 앞서 피레네산맥의 두 구간을 지나오느라 힘을 많이 소모한 상태였다. 게다가 경기 마지막에 실시하는 세 번의 타임 트라이얼Time trial* 이 남아 있었기 때문에 아키텐 국도에서 쓸데없이 힘을 낭비하고 싶지 않았다. 그래서 모두가 아무 일도 일어나지 않는 길고 무료한 하루를 안장 위에서 보낼 것이라 예상했다. 후세에 남길 만한 뉴스라고는 전혀 없는 그런 따분한 하루가 되리라고 말이다.

그런데 갑자기 예상치 못한 광경이 펼쳐졌다. 길가에서 경기를 구경하던 한 무리의 관중이 선수들에게 손짓을 보낸 것이다. 기다란 간이 테이블을 펼쳐놓고, 그 위에 시원하게 냉장한 맥주병을 올려둔 채 말이다.

소량의 알코올이 기량에 미치는 영향력을 조사한 생리학적 연구 결과들은 일부 상충하는 내용도 있다. 버질 르쿨트르와 이브 슈츠의

---

* 독주 시간 경기. 각 선수들이 1분 간격으로 출발해 일정한 거리를 달리며, 가장 짧은 시간에 경주를 마친 선수가 우승하는 방식.

2009년 연구 결과를 보면 술이 활동적인 사이클선수들의 체력을 일시적으로 떨어뜨려 전체적인 기량도 함께 감소시킨다고 되어 있다. 반면 그 이전에 나온 몇몇 연구 결과는 술로 인한 기량 감소 효과를 명확하게 입증하지 못했다. 그러나 모든 연구 결과에서 공통으로 일치하는 점은 소량을 마실 경우 술로 인한 근력 손상은 그리 심하지 않다는 것이다. 물론 알코올이 반응 속도, 균형감, 눈과 손의 협응력 같은 정신운동성 기능에 해로운 영향을 끼친다는 점은 분명하다. 하지만 술의 자극 효과나 위약 효과에 대한 과학적 인식은 아직 미미한 상태다.

술에는 순수 에탄올 이외에도 다른 물질들이 함유되어 있으므로 술의 효과를 평가할 때는 그 물질들의 효과도 염두에 두어야한다. 그런 점을 고려한다면 맥주가 확실히 지구력을 필요로하는 운동선수의 능률을 높인다고 할 수 있을 것이다. 맥주는 90퍼센트 이상이 물이므로 몸에 수분과 에너지, 미네랄을 보충해주는 스포츠음료로 이보다 더 좋은 대안이 없을 것이다.

맥주가 사이클 대회에 유익했던 이유는 또 있다. 맥주는 양조 과정에서 맥아즙을 끓여서 만든다. 따라서 관중이 건네는 음료를 받아 마셔야할 경우, 출처나 깨끗한 정도를 알 수 없는 미심쩍은 물보다 맥주가 훨씬 안전했다. 너무 많이 마시지만 않는다면 맥주는 부작용을 걱정하지 않고도 원기를 충분히 회복시킬 수 있는 좋은 음료였다.

하지만 앞서 언급한 1935년 투르 드 프랑스의 17구간에서는 안타깝게도 맥주가 부작용을 일으켰다. 맥주 탓에 일시적으로 선수들의

1932년 투르 드 프랑스에 출전한 프랑스 대표팀. 왼쪽에서 세 번째 선수가 쥘리앵 무아노다.

집중력이 떨어진 것이다. 그러나 다른 선수들이 오아시스라도 본 양 넋을 잃고 맥주 테이블을 쳐다볼 동안 프랑스 선수 쥘리앵 무아노 Moineau, Julien: 1903~1980 는 아무도 모르게 선두 그룹에서 빠져나와 힘 차게 페달을 밟았다. 몇몇 선수가 맥주를 마신 다음에도 윗옷 주머니 에 맥주병을 챙겨 넣는 통에 분위기가 어수선해져서 선수들은 시간 을 더 허비했다. 자전거가 넘어지기도 했고, 핸들이 돌아가 프레임 과 얽히기도 했다. 마침내 다른 선수들이 간신히 다시 달리기 시작했 을 때, 무아노는 벌써 한참 앞서서 미친 듯이 페달을 밟았다. 그는 팬 에게 음료를 얻어 마시고서 점점 더 선두 그룹과 차이를 벌려 7시간 36분 30초 만에 홀로 보르도의 결승선을 넘었다. 선두 그룹은 15분

33초 뒤에야 결승점에 도착했다. 1929년 이후 투르 드 프랑스 역사상 단일 구간 시간 격차 중 최대였다.

자기 입으로 인정한 적은 없지만, 무아노가 그 지점의 맥주 테이블에 관해 알고 있었을 가능성이 높다. 또 많은 사이클 대회 사학자들이 추측하듯 맥주 테이블은 무아노가 사주한 일이었는지도 모른다. 어쨌든 그는 남은 구간에 계속 음료를 마실 수 있도록 미리 조처해 두었다. 게다가 이 구간을 위해 일반적으로 사용하는 44T*나 50T 변속기 대신 52T 변속기를 채택했다는 점도 석연치 않았다. 변속기의 톱니 수가 많으면 무리 지어 저속으로 달릴 때는 그날의 일기 예보로 보면 이럴 가능성이 높았다. 에너지가 쓸데없이 소모되지만, 무리에서 떨어져 혼자 달릴 때는 훨씬 유리하기 때문이다.

정말로 맥주 작전을 계획했는지는 알 수 없지만, 무아노는 투르 드 프랑스의 세 번째 구간 승리를 진심으로 기뻐했다. 200킬로미터 이상을 달린 후 결승 지점에서 맥주 한 잔을 즐기며 그는 자신의 승리를 마음껏 자축했다. 물론 그에게는 마땅히 마실 자격이 있었다. 다른 선수들과 달리 몇 시간 전에 단호하게 맥주를 거부했으니 말이다.

---

* 자전거 변속기의 톱니(tooth) 수를 표시할 때 숫자 뒤에 T를 쓴다.

크로넨버그 1664

Kronenbourg 1664 오베르네(프랑스)

유형	라거
알코올 함량	4.5%
비중	10.4°P
쓴맛	22 EBU ● ● ●
색상	9 EBC ●

무아노가 구간 우승을 거둔 프랑스의 최남서부 아키텐 지방은 '맥주 지도'에서는 아무것도 찾을 수 없는 백지나 마찬가지다. 프랑스 맥주 산업 대부분이 북동쪽 알자스와 북쪽 플랑드르에서 발달했기 때문이다. 알자스는 자전거 여행으로 인기 높은 고장이다. 특히 주도인 스트라스부르는 투르 드 프랑스의 경주 구간에도 자주 포함된다. 무아노가 참가했던 1927~1930년과 1932년에도 스트라스부르가 경주 구간에 포함되었다. 2006년에는 경기 시작 전에 펼치는 짧은 타임 트라이얼과 첫 번째 구간 경주가 스트라스부르와 인근 지역에서 개최되었다. 두 번째 구간의 출발 지점은 스트라스부르에서 남서쪽으로 30킬로미터 떨어진 맥주의 도시 오베르네였다.

1664년에 설립된 프랑스 최대 맥주회사 크로넨버그는 본사가 스트라스부르에 있고, 생산 공장은 오베르네에 있다.

'크로넨버그 1664'는 과일 맛과 맥아 향이 강한 상쾌한 라거맥주다. 맥아 보리 외에 밀과 글루코스glucose 시럽을 원료로 사용한다. 강한 홉 맛은 알자스가 자랑하는 스트리셀스팔트Strisselspalt 품종 홉 덕분이다. 프랑스 맥주 점유율의 약 40퍼센트를 차지하는 이 제품은 자타가 공인하는 맥주 시장의 선두 주자다.

템스 강변에 모인 잉클링스 회원들. 왼쪽부터 제임스 던다스-그랜트, 콜린 하디, 로버트 하버드, C. S. 루이스. (맨 오른쪽은 누구인지 알 수 없다.)

17
옥스퍼드 펍의
단골 문인들

·········

신사 클럽은 영국의 전통문화다. 외부인의 출입이 엄격히 금지된 클럽의 방에 상류층 남성들이 모여 유한遊閑 계급의 품위에 걸맞은 시간을 보내는 것이다. 한가하게 잡담을 나누고 신문을 읽고, 품질 좋은 포도주를 마시면서 몸보다 머리를 쓰는 각종 게임을 한다. 회원 자격에도 엄격한 제한이 있어서 대부분의 클럽은 회원이 동반하는 손님조차 들어올 수 없다.

이런 폐쇄적인 상류층 문화와 달리 영국에는 수백 년을 내려온 또다른 전통적 모임 장소가 있다. 흔히 펍pub이라 불리는 퍼블릭 하우스public house가 바로 그것이다. 펍은 누구나 드나들 수 있었고, 옷차림이나 예의범절이 클럽처럼 형식적이지 않았다.

2차 세계대전이 일어나기 전까지만 해도 영국은 계급 사회였다. 따라서 귀족이나 기업가, 장교, 학자 들은 펍의 단골이 될 수 없었다. 그렇지만 예외도 있었다. 옥스퍼드대학교의 대학가 끝에 자리한 펍

잉클리스 회원들의 사랑방이었던 '이글 앤드 차일드' 펍.

이글 앤드 차일드The Eagle and Child는 17세기부터 학생들은 물론이고 교수들까지 자주 들러 몸과 마음의 양식을 채우는 곳이었다. 한 문학 토론 모임도 20여 년 동안 이 펍의 단골손님이었는데, 이들은 매주 화요일 오전마다 펍의 뒷방에 모여 문학을 비롯한 이런저런 주제에 관해 토론을 벌였다. 그 모임의 이름은 '잉클링스The Inklings'*로,《반지의 제왕》을 쓴 J. R. R. 톨킨Tolkien, John Ronald Reuel: 1892~1973과《나니아 연대기》의 작가 C. S. 루이스Lewis, Clive Staples: 1898~1963도 이 모임의 회원이었다.

* 잉클링스의 본래 의미는 '모호하고 완성되지 않은 암시와 아이디어를 찾는 사람들'이다.

톨킨과 루이스는 1926년 5월에 처음 만났다. 당시 서른네 살이었던 톨킨은 고대영어古代 英語* 전공 교수였고, 스물일곱 살이던 루이스는 영어영문학 강사였다. 형식적이던 만남은 시간이 흐르면서 친밀한 우정으로 발전했다. 둘 다 옛 전설에 관심이 많았던 것이다.

물론 처음부터도 그들은 서로의 논문이나 문학 작품을 읽어주며 돈독한 관계를 유지했지만, 본격적인 협력 관계가 시작된 것은 1932년 루이스의 형 워런Lewis, Warren Hamilton: 1895~1973이 옥스퍼드로 오면서부터였다. 소탈하고 사교성이 좋은 워런은 어느 월요일 아침에 우연히 동생의 연구실에 들렀다가 루이스와 톨킨의 대화에 끼게 되었다. 그런데 토론이 길어지자 워런이 뜻밖의 제안을 했다. 근처의 펍 이스트게이트Eastgate에 가서 점심 먹으면서 맥주도 한잔하자고 말이다.

이후 옥스퍼드의 문학 전공자들이 추가로 들어오면서 모임의 규모는 빠르게 커졌다. 모임 일정도 정확히 정해서 매주 목요일 저녁에 모들린칼리지Magdalen College에 있는 루이스의 연구실에 모여서 루이스의 말마따나 "맥주도 마시고 수다도 떨고 사정이 허락하면 저녁도 같이" 먹었다.

또 화요일 오전에는 이글 앤드 차일드에서 만났는데, 토론을 하다 보면 점심시간을 훌쩍 넘기기가 예사였다. '새와 아이'라는 별명으로

---

* 기록으로 남아 있는 영어를 시대적으로 구분했을 때, 가장 이른 시기의 영어. 고대영어가 시작된 시기는 450년경, 600년경, 700년경이라는 세 가지 학설이 있다. 끝나는 시기 역시 1050년경, 1100년경, 1150년경의 세 가지 학설이 있다.

도 유명한 이 펍은 영국 전통대로 작은 방이 많았고, 실내 장식은 짙은 색 목재가 주를 이루었다. 이 단골 술집이 사정상 문을 닫으면 화요일 모임 장소는 또 다른 펍인 킹스 암즈King's Arms나 램 앤드 플래그 Lamb and Flag로 바뀌었다.

비공식 모임이었으니 당연히 참가자와 대화 내용을 기록으로 남겼을 리는 만무하다. 하지만 그들의 일기나 편지를 보면 그때그때의 주제를 대충 짐작할 수 있다. 꼭 토론하기 위해서라기보다 그냥 친구끼리 얼굴 한번 보자고 만난 적도 많았다. 그래서 톨킨은 1944년 10월의 모임에 관해 이런 기록을 남겼다. "예상과 달리 잭루이스과 워니워런는 진즉에 와서 먼저 시작한 참이었다. 맥주 품귀 사태가 끝나서 펍에도 맥주가 있었다. 우리는 정말 신나게 대화를 나누었다."

그러나 옥스퍼드 교수들에게는 신사 클럽의 정신이 남아 있었다. 잉클링스는 모임의 장소로는 펍을 선택했지만, 모임의 형식은 폐쇄적이어서 아무나 들어올 수 없었다. 해군 장교 제임스 던다스-그랜트의 회고담을 들어보자. "우리는 작은 뒷방에서 모였다. 겨울이면 벽난로가 기분 좋게 타고 있는 방이었다. 라틴어 표현이 오갔고 호메로스를 원문으로 인용했다." 이들은 펍의 다른 손님들이 뭐라고 하든 말든 아랑곳하지 않았고, 우연히 방을 잘못 찾아 들어온 손님이 있으면 정중하게 나가 달라고 부탁했다. 모임에 들어오고 싶다는 사람을 쫓아내지는 않았지만, 구경하려고 온 손님에게는 누가 봐도 차갑게 응대했다. 미리 회원들과 약속하고 온 사람만 환영받았다. 그런데 톨킨이 이런 원칙을 자주 어겨서 몇 차례나 회원들에게 주의를 받았다.

잉클링스는 1933년부터 1940년대 말까지 매주 모임을 열었다. 루이스 형제와 톨킨, 의사인 로버트 하버드가 거의 빼놓지 않고 출석하는 핵심 멤버였다. 그 외에는 모일 때마다 구성원이 달라졌다. 세월이 흐르면서 회원 수는 거의 스무 명에 달했지만, 실제 모임에 참석하는 수는 대부분 열 명을 넘지 않았다. 여성은 한 명도 없었다.

만나면 집필 중인 작품을 낭송하고 서로 평가해주었다. 물론 일반적인 문학적 주제에 관해 이야기 나누기도 했다. 학술 서적과 순수 문학의 관계에 관해서도 이야기를 주고받았는데, 이것만 보아도 모임과 옥스퍼드대학교의 밀접한 관계를 알 수 있다. 다들 문학과 신화에 관심이 많았으나 모두가 직접 글을 쓰는 작가는 아니었다. 문예학자나 언어학자가 다수였고 사학자도 있었으며 장교가 한 사람, 의사가 한 사람 있었다.

루이스의 연구실에서 만날 때는 좀 더 객관적인 토론을 나누었지만, 화요일에 펍에서 만날 때는 훨씬 자유로운 대화가 오갔다. 옥스퍼드를 찾았다가 모임에 참석한 적 있는 미국 작가 네이선 C. 스타는 그날을 이렇게 기억했다. "펍에 갔다. 바에서 맥주를 주문하자 주인은 루이스와 친구들이 모여 있는 방으로 나를 안내했다. 대화는 상투적이었다. 진지한 토론이 있었는지는 기억이 안 난다. 직업과 관심이 같은 남자들끼리 격 없이 나눈 유쾌한 대화였다."

잉클링스 멤버들은 전설과 신화는 물론이고 신화 서사문학에도 관심이 많았다. 모임의 주도적 인물이었던 루이스와 톨킨은 1930년대에 판타지소설 한 편을 구상했다. 그 결과물인 톨킨의 처녀작《호빛》은 1937년에 세상에 나왔다. 루이스의 우주 3부작 시리즈의 1권 《침묵의 행성 밖에서》는 그다음 해에 선을 보였다. 두 작품의 원고는 두 작가의 후기 작품들처럼 이글 앤드 차일드의 구석 테이블에서 자주 낭독되었다.

톨킨의 《반지의 제왕》 3부작1937~1949년 집필, 1954~1955년 출간도, 루이스의 《스크루테이프의 편지》1942도, 찰스 윌리엄스Williams, Charles: 1886~1945의 정통 판타지소설 《모든 성령의 날 전야》1945도 그 펍에서 처음으로 공개되었다. 루이스는 회고록에서 잉클링스 모임의 토론과 비평이 작가로서 성장하는 데 큰 도움이 되었다고 밝혔다. 그가 어린 시절부터 구상했던 판타지 세상의 이야기도 이 무렵 작업에 들어갔다. 그 소설이 바로 1950~1956년에 출간된 《나니아 연대기》 시리즈였다. 루이스의 회상을 들어보면 톨킨은 남들의 비판에 초연했다고 한다. 하지만 침착한 행동과 겸양이 몸에 밴 그도 가끔은 흥분해서 "목소리를 높여 고대영어를 지껄였다"고 한다.

아무리 그래도 톨킨 역시 회원들의 비평을 흘려듣지는 못했다. 그는 《반지의 제왕》에 들어갈 에필로그를 두 가지 버전으로 집필했는데, 잉클링스의 비판을 듣고 고심 끝에 삭제해버렸다. 훗날 톨킨은 그 결정을 후회했다. 에필로그의 한 가지 버전은 아들 크리스토퍼가 편집한 작품 모음집 《중간계의 역사》에 수록되었다.

잉클링스의 정규 모임은 1940년대 말에 들어 뜸해지다가 1949년 10월에 완전히 끝났다. 하지만 그 이후에도 시간이 되는 사람들끼리 이글 앤드 차일드에서 자주 만났다. 그러나 1962년에 그들이 모이던

일클링스의 또 다른 단골 펍,
'램 앤드 플래그'.

뒷방 '래빗 룸'이 내부 수리 과정에서 트여 홀의 일부가 되자 잉클링스는 단골 펍을 옮겼다. 물론 멀리 가지는 않았다. 이글 앤드 차일드 바로 건너편 세인트 자일스 가에 램 앤드 플래그라는 펍이 있었기 때문이다.

루이스와 톨킨은 펍에서 맥주를 마시며 책의 짜임새와 내용을 다듬었다. 맥주는 그들의 작품 안에서도 중요한 역할을 한다. 예를 들어《반지의 제왕》에 등장하는 '브리' 마을 '프랜싱 포니' 여관은 실내 장식이 옥스퍼드의 펍들과 유사하다. "여관 안에 있는 큰 술집에는 가지각색의 사람들이 우글우글 모여 있었다. 빛에 익숙해지자 프로도의 눈에 그들의 모습이 들어왔다. 빛은 주로 활활 타는 벽난로 불에서 나온 것이었다. 천장 대들보에 세 개의 등이 매달려 있었지만, 연기가 자욱해 빛이 뿌옜기 때문이었다."

톨킨이 묘사한 중간계에서는 사람들뿐 아니라 호빗과 난쟁이들도 맥주를 마신다. 톨킨은 에일을 좋아했지만, 작품 속 호빗들은 에일 말고도 포터와 벌꿀술을 자주 마신다. 빌보 배긴스*가 지은 노래도 맥주를 찬양한다. 묘사 내용으로 보아 아마 에일인 것 같다.

오래된 여관이, 유쾌한 여관이
잿빛 언덕에 잿빛으로 서 있네.
거기서 갈색 맥주를 빚으니
달나라 사람도 내려와
취할 때까지 마신다네.

---

* 톨킨의 소설 《호빗》의 주인공으로, 《반지의 제왕》에도 등장한다.

그래비타스

Gravitas 브릴(영국)

유형	에일
알코올 함량	4.8%
비중	12°P
쓴맛	수치를 알 수 없음
색상	

현재 옥스퍼드에는 양조회사가 없지만, 거기서 동쪽으로 20여 킬로미터 떨어진 브릴 마을에는 영국에서 제일 유명한 에일 양조장 가운데 한 곳인 베일 브루어리Vale Brewery가 있다. 베일 브루어리는 10여 가지의 에일 규격 제품 이외에도 호빗을 기억하려는 목적으로 매달 돌아가며 특별 제품을 선보인다. 2009년에는 에일 문화를 지키기 위해 노력하는 소비자 단체 CAMRAthe Campaign for Real Ale로부터 상을 받기도 했다.

버킹엄셔주에 있는 브릴 마을은 톨킨의 삶에서 특별한 역할을 했다. 그는 곳곳에서 풍차가 돌아가는 전원적인 브릴 마을과 그 주변에서 자주 산책했다. 브릴 마을은 또 《반지의 제왕》에 등장하는 브리 마을의 모델이었다. 베일 브루어리는 브릴 마을과 톨킨의 인연을 기억하고자 매달 선보이는 특별 제품에 《호빗》과 《반지의 제왕》에 등장하는 사건의 이름을 붙여왔다. 잉클링스 문학 모임의 이름을 딴 특별 제품도 있었다.

베일 브루어리에서 가장 유명한 맥주는 쓴맛의 페일 에일 '그래비타스'다. 감귤, 수지나뭇진, 홉 맛이 나는 황금빛 에일로, 뒷맛이 드라이하고 쓴 홉 맛이 감돈다. 그래비타스는 2008~2010년 영국전국맥주대회 및 지방대회에서 수상했고, 외국으로 수출도 한다.

1944년 여름, 양 날개 아래 맥주통을 매단 '스핏파이어 Mk XXX' 전투기가 서식스 주 상공을 날고 있다.

18

맥주, 전투기 타고
해협을 건너다

....

지구 반대편에서 움직이는 현대식 무인전투기를 조종하는 것도 분명 일이다. 관제센터의 조종사는 독자적으로 판단을 내려야하고 신속하게 행동해야하며, 때에 따라서는 정해진 지침을 어기기도 해야 한다. 하지만 예전의 전투기 조종사들처럼 목숨과 건강을 걸어야할 필요가 없고, 작업 환경이나 숙식, 여가 활용 여건도 훨씬 더 낫다. 따라서 퇴근 후 그가 마시는 맥주 한 잔의 의미는 출격에서 돌아온 예전의 전투기 조종사들이 고향에서 수송해온 맥주 한 잔을 마시는 것과는 아마 하늘과 땅 차이일 것이다.

피스톤엔진과 프로펠러의 시대에는 전투기의 출격 반경도 얼마 되지 않았다. 그래서 전선 근처에 임시 비행장을 마련해 그곳에서 곧바로 출격하는 일이 많았다. 그러다가 정기 점검을 받으려면 전선에서 멀리 떨어진 기지까지 날아가야만 했다. 1, 2차 세계대전 당시 전투기 조종사들은 이런 정기 점검 기회를 이용해 기발한 아이디어로 온갖 물건을 실어 나르며 많은 사람에게 기쁨을 선사했다.

1차 세계대전의 에이스 조종사 만프레트 폰 리히트호펜은 정기 점검을 받으러 가는 길에 규정을 어기고 자주 집에 들렀다. 그가 모는 전투기 '앨버트로스Albatross'와 '포커Fokker'는 이착륙이 용이한 기종이었다. 1918년 1월에는 프로이센 사관학교에 다니는 열네 살짜리 동생에게 사탕 한 봉지를 주기 위해 집에 들르기도 했다.

2차 세계대전 당시 독일 동부전선에서 무려 203회의 공중전을 승리로 이끌어 백엽기사 철십자장을 받았던 헬무트 리페르트도 제52전투비행대대의 조종사들이 점검을 받고자 기지를 드나들 때마다 그 기회를 이용했노라고 고백했다.

1943년 여름 리페르트의 비행대는 크림반도 동쪽 쿠반 브지리헤드의 아나파 비행장에 주둔하고 있었다. 흑해 연안 지역은 정말로 매력적인 곳이었다. 과수원에서 익어가는 체리, 살구, 복숭아가 너무나 탐스러웠다. 덕분에 아나파에서 온 조종사들은 다른 황량한 지역에 자리 잡은 비행장에 내릴 때마다 크게 환대받았고, 그곳에 주둔한 동료들은 온갖 그럴싸한 핑계를 만들어 아나파의 친구들이 자신의 비행장으로 올 수 있게 힘썼다. 그러나 일이 늘 순조롭게 풀리지는 않아서 한번은 큰일이 날 뻔했다. 리페르트가 동체착륙*을 할 수밖에 없는 상황이 벌어졌는데, 화물칸에 실린 탄약통에 방금 딴 체리가 들어 있었던 것이다. 다행히 화물을 발견한 상관이 매몰찬 사람은 아니

---

* 착륙장치가 작동이 안 될 때, 비행기의 동체를 직접 땅에 대어 착륙함.

었다. 독일 군법을 엄중하게 지켰다면 제국 전투기를 그렇게 사적인 목적으로 이용한 조종사에게는 엄벌이 내려졌을 것이다.

1943년 늦여름이 되자 후퇴 가능성이 날로 커지면서 독일군의 사기가 저하되었다. 독일 전투기 '메서슈미트Messerschmitt Bf 109'는 야간 출격을 할 수 없었기 때문에 날이 저물면 조종사들이 하릴없이 둘러앉아 있었다. 목을 축일 술도 없었으니 아마 사기가 더 떨어졌을 것이다. 결국 한 비행사가 후방의 보급기지로 비행기를 몰고 갔다. 그런데 비행장으로 다시 돌아오는 전투기 배 밑에 이상하게 생긴 큰 폭탄이 매달려 있었다.

전투기는 신중에 신중을 기해 아주 느린 속도로 착륙했고, 조종사는 기체가 서서히 멈추도록 브레이크를 약하게 밟았다. 혹여 지면이 고르지 않거나 브레이크를 부주의하게 밟아 랜딩 스키드landing skid가 손상되면서 화물이 바닥에 닿지 않을까 노심초사했다. 기체 하단의 보조 연료탱크 고정장치에 꽉 찬 맥주통이 매달려 있었는데 전통적으로 사용하는 독일 맥주통의 용량은 160리터다. 착륙 당시 땅바닥과의 간격이 불과 몇백 미터였던 것이다. 이 비행기의 조종사였던 하인츠 작센베르크 상사가 군법 회의에 넘겨지지는 않았지만, 조종사들이 겁을 먹어서 그 이후로는 두 번 다시 자기 멋대로 맥주를 실어온 일이 없었다고 한다. 독일군에서는 이런 식의 자체적인 보급품 조달이 금지되었고, 설사 있었다 하더라도 소량의 밀수에 국한되었다.

영국군 조종사들은 이런 일탈에 조금 더 관대했다. 1940년 말에 이르러 전쟁 양상이 누가 봐도 영국의 승리로 기울자 윈스턴 처칠 Churchill, Winston Leonard Spencer: 1874~1965은 한 유명한 연설에서 이런 말로 전투비행대대의 공로를 칭송했다. "인류 전쟁사를 통틀어 이토록 많은 사람이 이토록 적은 사람에게 이토록 많은 빚을 진 적은 없었다." 영국인들은 전투기 조종사들이 기지 주변 술집에 진 빚이 많다는 전형적인 영국식 유머로 그 연설에 응했으나 이런 유머 뒤에 숨은 가혹한 현실을 모르는 이는 없었다. 실제로 너무나 많은 조종사가 엄청나게 많은 외상 빚을 남기고 세상을 떠났지만, 이들이 몇 달 동안이나 제대로 쉬지도 못하고 독일 전투기의 공격을 막아낸 덕분에 독일군의 영국 본토 침공 계획이 무기한 연기될 수 있었던 것이다. 그래서 애국심에 불타는 많은 양조장이 공군 식당에, 특히 전투비행대대에 상징적인 가격으로 맥주를 납품했다.

1944년 6월의 노르망디상륙작전* 때에도 연합군 상륙 지역의 제공권制空權 장악은 작전의 성패를 좌우하는 중요한 관건이었다. 독일의 공군력은 이미 약해졌으나 독일군은 전쟁 막바지까지 얕잡아봐서는 안 될 상대였다. 동부전선을 잃고 본토마저 폭격당하는 상황이었지만, 그래도 독일군에는 아직 전투기가 넉넉하게 남아 있었다. 첩보 기관의 보고서에 따르면 독일군은 획기적으로 빠른 신형 제트 비행기를 실험 중이라고 했다. 더구나 독일 조종사 상당수가 풍부한 전

---

* 1944년 6월 6일, 아이젠하워 장군의 지휘 아래 연합군이 노르망디에 상륙한 작전. 이 작전의 성공으로 프랑스가 나치 독일군으로부터 해방되었으며, 2차 세계 대전 판도에도 결정적인 영향을 주었다.

투 경험으로 무장한 베테랑이었기에 기회만 주어진다면 주저 없이 공격을 개시할 터였다. 독일군이 연합군의 방공망을 뚫고 들어와 상륙정이나 보급선을 폭격하도록 내버려두어서는 안 될 일이었다. 연합군의 고속 폭격기와 전투기는 최전선의 하늘에서 육군의 상륙로를 열어주었고, 나아가 육군이 맡은 바 임무를 다할 수 있도록 독일 전투기의 공격을 막아주었다.

상륙에 성공한 연합군은 프랑스 내륙으로 밀고 들어가기 시작했다. 전투기가 영국에서 전선까지 왕복할 경우 시간 낭비가 너무 심해 영국 공군 사령부는 작전 계획을 짤 때 이미 최대한 빠른 시일 안에 프랑스 내륙에 몇 개의 비행대대를 주둔시키기로 했다. 실제로 이 계획은 별 무리 없이 진행되었다. 적당한 비행장이 충분했기 때문이다. 독일군이 몇 년 전에 영국 본토 침공을 계획하면서 프랑스 북부에 있던 비행장들을 잘 손보아놓은 데다 몇 군데는 새로 짓기도 했는데, 후퇴하면서 시간이 촉박해 미처 폭파하지 못했던 것이다.

영국군이 일반적으로 사용한 전투기는 '스핏파이어Spitfire'로 활동 반경이 약 750킬로미터였다. 1944년 7월 당시 이 비행기로 영국 남부의 기지에서 프랑스의 최전선까지 왕복하면 이미 연료의 절반이 소모되었다. 기지를 노르망디로 옮기지 않는다면 연료 소모량은 물론이고 비행시간도 너무 버거워져 전투기의 활동 반경이 줄어들 테고, 더불어 공격력도 현저히 떨어질 것이었다.

물자가 부족한 전선의 기지나 임시 병영에서 언제 내릴지 모르는 비상 출동 명령을 기다리며 하염없이 대기하는 생활은 극도로 부담스러웠다. 급식 텐트에 홍차와 미국식 인스턴트커피가 비치되어 있었지만, 조종사들은 병영에 대기하는 동안만이라도 맥주를 마실 수 있기를 바랐다.

1944년 여름에는 막대한 양의 보급품이 영국해협을 건넜다. 상륙군이 쓸 물품은 화장지까지도 모두 빠짐없이 교두보*로 수송해야했으므로 전후의 활발한 무역 교류 시절을 능가할 정도로 많은 선박이 매일 노르망디로 몰려들었다. 수송선의 갑판은 갈 때나 올 때나 전선으로 실려가거나 본국으로 귀환하는 병사들로 발 디딜 틈이 없었다. 초기에는 상륙 지점에 제대로 된 항구가 하나도 없어서 혼란을 더욱 부채질했다. 그나마 멀베리Mulberry 인공항구가 설치되면서 약간 숨통이 트였다. 콘크리트 부교와 강철 교량으로 만든 이 인공 구조물은 영국 해안의 외딴 기지에서 아무도 모르게 만들어서 예인선으로 끌어 해협을 건넌 다음, 모래땅인 노르망디 연안에 가라앉혀 고정했다. 그러나 그 뒤로도 한참 동안 화물은 수송선의 이물에서 곧바로 해안으로 부렸다.

노르망디의 영공도 대만원이었다. 처음에는 시급하게 필요한 화물은 낙하산을 이용해 상륙 부대로 전달했고, 시간이 흘러 비행장이 확보되면서 비행기로 급송 화물을 날랐다. 이착륙 시간과 비행로를 철저하게 계산했음에도 들고 나는 물량이 너무 많다 보니 바다에서

* 적이 인접한 상황에서 상륙·도하 작전을 수행할 때, 강기슭이나 해안선의 한 모퉁이를 점거하고 그곳에 마련한 작은 진지.

상륙 작전 성공 후, 수많은 수송선이 매일 노르망디로 몰려들었다.

멀베리 인공항구를 통해 노르망디에 상륙하는 병사들.

도 하늘에서도 독일군의 공격보다 충돌이나 사고로 잃어버리는 수송 물자가 훨씬 더 많았다.

이런 상황에서 전투기 조종사들이 마실 맥주가 최우선 급송 화물이 될 리는 만무했다. 노르망디로 들어가는 교통로가 포화 상태였기에 육해공의 보급 장교들 역시 "가장 시급한 것부터!" 우선하라는 규정을 철저히 지켰다. 그러나 노르망디의 조종사들도 본토 기지의 조종사들 못지않게 마일드 에일, 비터 에일, 페일 에일을 좋아했기에 모두가 열심히 다른 수송 방법을 모색했다.

노르망디로 파견된 영국 비행대대의 주력 전투기는 '스핏파이어 Mk IX'였다. 600여 미터 길이의 잔디밭만 있으면 이륙할 수 있는 기종이었다. 장착 무기는 기관포와 기관총이었다. 특히 스핏파이어 Mk IX의 주익主翼에는 경폭탄과 로켓, 보조 연료탱크를 장착할 수 있는 고정장치가 붙어 있었다.

노르망디의 비행장은 장비가 허술해 전투기들이 정기점검을 받기 위해 영국 본토의 기지를 오갔다. 런던 남부 켄트 지방의 비긴힐은 1917년에 문을 연 영국 공군의 주요 기지였다. 비행기 점검은 물론이고 추가 장비의 구상, 설계, 제작에 이르기까지 각종 기술과 다양한 노하우를 갖춘 기지였다. 그런데 그곳에서 불과 몇 마일 떨어진 곳에 웨스터햄Westerham 양조장이 있었다.

에드워드 테드 터너는 훗날 아리엘 모터사이클을 개발해 유명세를 누렸지만, 2차 세계대전 당시만 하더라도 런던 남부 페캄에 있는 자신의 작업장에서 영국 공군 전투기의 보조 연료탱크를 제작했다.

그런데 노르망디상륙작전이 성공적으로 막 끝난 1944년 여름에 그는 영국 공군과 웨스터햄 양조장으로부터 이색적인 주문을 받았다. 스핏파이어 Mk IX의 보조 연료탱크를 맥주 수송용으로 개조해 달라는 주문이었다.

비행기에 붙일 탱크는 높은 압력에도 견디는 견고성과 압력 균형을 갖추어야한다. 노르망디로 향하는 저고도 항로는 이미 저속 수송기로 만원이었으므로 전투기는 고도를 높여 5천 미터 이상의 상공을 날아야했다. 비행고도가 높아지면 기압이 떨어진다. 그렇게 외부 압력이 줄어들면 맥주 속 이산화탄소가 팽창해 거품이 탱크에서 새어 나오거나 탱크 내부 압력이 높아진다. 이 문제를 해결하기 위해 터너는 탱크를 더 두꺼운 알루미늄판으로 제작하고, 격벽隔壁을 설치해 내부 구조를 보강했다. 또 탱크에서 맥주를 쉽게 빼내기 위해 바닥의 마개를 꼭지로 교체했다. 1944년 7월 완성된 탱크가 비긴힐의 기지에 도착했다. 맥주를 가득 담은 탱크가 점검을 마치고 돌아가는 비행기의 주날개 아래에 매달려 노르망디 비행장에 도착했다. 전투기와 정찰기로 이용되는 스핏파이어는 기종과 모델이 매우 다양했기 때문에 신종 탱크를 탑재한 이 전투기에는 'MkXXX'라는 이름이 붙었다.

Mk XXX는 서부 서식스 지방의 포드 기지혹은 얍턴 기지에서 또 한 번 진화를 거쳤다. 1944년 여름에 비행기의 다른 곳을 정비하고 테스트 비행을 하던 중에 맥주 탱크도 손을 보게 된것이다. 기지에서 맥주를 구하기는 어렵지 않았다. 힘겨운 전쟁을 견뎌내고 마침내 연합군의 승리가 눈앞에 보이자 노르망디상륙작전의 성공에 고무된 많은 양조장이 조종사들에게 공짜로 맥주를 내놓았다. 주변의 작은 양조장 중에서는 특히 리틀햄프턴의 헨티 앤드 컨스터블Henty & Constable이 맥주 납품에 앞장섰다.

스핏파이어의 다양한 기종과 변형에 관해 모르는 것이 없었던 시험 비행사 제프리 퀼의 지휘 아래 포드 기지에서는 주날개의 고정장치에 맥주통을 곧바로 부착하는 실험을 했다. 고정장치의 개폐기에 쇠바퀴 두 개를 부착하고, 그 안에 영국 양조장에서 쓰는 규격 맥주통을 넣어 고정한 것이다. 영국 양조장의 규격 맥주통은 케그keg라고 부르며, 18갤런약 82리터의 맥주가 들어간다. 맥주통의 무게와 공기 저항도, 두꺼운 목재로 제작한 통 속의 압력 변화도 아무런 문제를 일으키지 않는다는 사실이 계산과 시험 비행으로 입증되었다. 이렇게 맥주를 탱크에 옮겨 담지 않고 통째로 매달면 장점이 하나 더 있었다. 탱크에 들어갔다 나온 맥주에서 쇠 맛이 난다고 투덜대던 미식가들도 더는 불평하지 않게된 것이다. 그리하여 주날개 아래에 맥주통을 매다는 이 방법이 금방 널리 사용되었다.

그러나 막상 비행기를 띄웠더니 문제가 발생했다. 스핏파이어 랜딩 스키드의 탄성 한계에 비해 활주로 바닥과의 거리가 너무 짧았던 것이다. 영국 기지의 매끈한 활주로에서 이륙할 때는 큰 문제가 없었지만, 노르망디의 임시 비행장에 착륙할 때는 사정이 달랐다.

영국 조종사들이 노르망디의 교두보를 지키고 있었다고 해서 맥주 수송량이 줄어들지는 않았다. 영공권을 지키려면 쉴 새 없이 출동해서 접근하는 독일 전투기가 있으면 가차 없이 무찔러야했다. 또 독일 전투기가 안 보일 때도 열심히 출동해 영국 육군을 엄호해야했다. 적의 공격으로 전투기들이 계속 파손되었기 때문에 남은 전투기는 더욱 밭은 간격으로 출동했고, 당연히 수리와 점검 시기도 빨리 돌아왔다.

최전선의 전투기에는 평균 일주일에 한 번 정도 '맥주통 비행' 명령이 떨어졌다. 본국으로 갈 때는 우편물이나 비좁은 전투기에 실을 수 있는 긴급 화물도 함께 실었다. 맥주통 비행은 한 주의 하이라이트였다. 빈 맥주통을 날개 밑에 고정한 후 출동 명령을 받은 비행사에게 이 임무가 얼마나 막중하고 중요한 일인지를 환기하고 필요한 몇 가지 조언도 잊지 않았다. 그 비행기가 돌아올 때는 그날 근무하지 않는 모든 조종사가 나와 환대했다.

바닥이 울퉁불퉁하거나 폭격으로 움푹 팼거나 비행기가 급정거하는 경우 랜딩 스키드가 손상되어 통이 바닥에 닿았다. 맥주 한 통에는 18갤런이 들어가고 1갤런은 8파인트이니, 통이 하나 부서지면 144파인트가 활주로에 쏟아진다. 그런 불상사를 일으킨 조종사는 한 주 내내 지청구를 들었다. 그리고 그 주가 지나면 다시 본토의 기지로 점검하러 간 비행기가 맥주를 매달고 돌아오고, 남은 조종사들은 성공을 기원하며 쿵쾅거리는 심장으로 착륙 장면을 지켜보았다. 영국 공군 유일의 아이슬란드인 전투기 조종사였고 훗날 제2대 국제연합UN 사무총장 다그 함마르셸드의 조종사가 된 토니 존슨은 이렇게 회상했다. "스핏파이어가 맥주를 가득 채운 통 두 개를 날개 밑에 매달고 영국에서 돌아오던 1944년의 노르망디에서처럼 그렇게 전투기 착륙을 꼼꼼히 관찰하고 평가했던 때는 없었을 것이다."

착륙은 대부분 성공적이었던 것 같다. 적어도 기록상으로는 1944년 여름 이착륙 시 외부에 부착한 화물이 활주로 바닥에 닿아서 날개가 손상되었다는 증거는 찾을 수 없으니 말이다.

여름이 지나 가을이 되면서 사람들의 관심은 노르망디에서 서부 전선으로 옮겨갔다. 연합군의 보급품 수급도 원활해 전투기 날개 밑에 맥주통을 매달고 하늘을 날 필요가 없어졌다. 그렇게 수송된 맥주가 2차 세계대전의 전황이나 역사를 바꾸지는 못했겠지만, 적어도 6월 말과 7월에 노르망디의 교두보에서 싸웠던 조종사들의 사기를 높이는 데에는 크게 기여했다.

엄밀히 따지면 그런 식의 맥주 수송은 불법이었다. 영국 관세청은 과세 신고도 없이 술을 수출했다고 공군 사령부에 항의했다. 다행히 공군 사령부는 협상을 통해 관세청의 불만을 잠재웠다.

스핏파이어 프리미엄 켄티시 에일

Spitfire Premium Kentish Ale 파버샴(영국)

유형	에일
알코올 함량	4.2%
비중	9.5°P
쓴맛	36 EBU ●●●●
색상	셰퍼드 님의 영업 비밀이다.

2차 세계대전 당시 영국 조종사들의 목을 적셔준 맥주는 영국 남동부의 여러 양조장에서 생산한 제품들이었다. 앞에서 언급한 양조장 중에서 헨티 앤드 컨스터블 양조장은 1955년 문을 닫았지만, 웨스터햄 양조장은 지금도 영업하고 있다. 웨스터햄의 제품 중에서도 브리티시 불도그British Bulldog가 1930년대 및 전쟁 중에 생산하던 제품들과 가장 비슷하다고 한다.

1698년에 문을 연 켄트의 셰퍼드 님Shepherd Neame 양조장은 지금까지 운영하고 있는 영국 양조장 중에서 가장 긴 역사를 자랑하는 곳이다. 두 차례의 세계대전 중에도 생산을 멈추지 않았던 전통 에일 맥주들이 이곳의 대표 상품이다. 물자가 부족했던 시절에는 구할 수 있는 원료로 맥주를 만들어 상품명도 없이 양조장 이름만 붙여서 팔기도 했다.

셰퍼드 님은 영국 본토 항공전 50주년을 기념해 에일맥주 '스핏파이어 프리미엄 켄티시'를 선보였다. 나치 독일의 공격을 막아 조국을 지킨 전투기 조종사들을 기리는 맥주다. 스핏파이어는 영국 남동부 맥주 특유의 쓴맛이 나는 에일이다. 색깔은 밤갈색이고, 토피와 홉 향이 난다. 이 지역에서 나는 세 가지 품종의 홉 타깃Target, 퍼스트 골드First Gold, 이스트 켄트 골딩스East Kent Goldings를 사용해 홉 맛이 강하다.

전후의 이탈리아에서 맥주는 도회적 라이프스타일의 상징이었다. 1956년 온천 휴양지 몬테카티니 테르메의 어느 바에 붙은 페로니 맥주 광고판. 로마에 있는 페로니 맥주 박물관 기록 보관소 제공

19
이탈리아의
아메리칸 드림

··········

"날 페로니Peroni라 불러요. 당신의 맥주가 될게요." 1960년대 이탈리아 텔레비전 광고에서 금발의 미녀가 속삭였다. 광고를 본 시골 청년 두 명이 도저히 유혹을 뿌리치지 못하고 도시로 달려왔고, 돈을 많이 벌어 모던 보이가 되었다. 그래도 그들은 늘 금발 페로니의 키스를 갈망했다.

1948~1973년까지 25년 동안 페로니그룹의 연간 맥주 생산량은 2천350만 리터에서 2억 5천640만 리터로, 무려 열 배가 넘게 증가했다. 이탈리아인의 맥주 소비량 역시 비슷한 증가세를 보여서, 1955~1973년까지 1인당 연간 맥주 소비량이 3.5리터에서 16리터로 껑충 뛰었다.

이처럼 맥주 소비량이 급증한 것은 전후 수십 년간 이탈리아에서 일어난 사회적 변화 덕분이다. 더불어 성공적인 마케팅 전략도 톡톡히 한몫했다. 페로니의 금발 미녀는 사회적으로 성공한 '모던 라이프스타일'을 제품과 연계한 수많은 광고의 한 가지 사례일 뿐이다.

1940~1960년대에 로마에서 제작된 고전 영화들을 보면 물론 영화마다 로마의 다른 부분, 다른 사회 계층이 등장하지만 배경이 된 도시의 모습에서 이탈리아의 변화를 여실히 짐작할 수 있다. 비토리오 데시카 감독의 〈자전거 도둑〉1948은 전후 재건기의 가난과 궁핍을 담았고, 윌리엄 와일러의 〈로마의 휴일〉1953에서는 1950년대 경제 성장기의 낙관적 분위기를 읽을 수 있다. 또 옴니버스 형식의 영화 〈보카치오'70〉1962 중 페데리코 펠리니 감독이 만든 '안토니오 박사의 유혹' 편에는 소형 피아트Fiat 자동차가 넘쳐나고 네온사인이 눈부신 현대의 로마가 등장한다.

이탈리아는 2차 세계대전으로 바닥에 추락했다. 식민지마저 다 잃었으니 그야말로 맨손으로 다시 시작하는 수밖에 없었다. 그나마 다양한 농업 생산물이 새로운 시작의 밑바탕이 되어주었지만, 장기적으로 볼 때 늘어나는 인구의 생계를 보장해줄 수는 없었다. 농촌 인구는 빠르게 도시로 유입되었고, 이들은 산업체에 값싼 노동력을 제공했다. 1940년대 말부터 시작된 이탈리아의 경제 성장은 전후 유럽에서 가장 빠른 속도로 진행되었다.

전통적으로 이탈리아인은 대부분 미국에 우호적이었다. 1900~1914년까지 약 300만 명의 이탈리아인이 대서양을 건너 미국으로 이주했다. 별다른 기술도 없고 영어도 잘 못하는 이민자들의 삶은 고국에서 상상했던 것보다 훨씬 힘겨웠지만, 그들은 이탈리아로 부친 편지에 결코 그런 불만을 적지 않았다.

어쨌든 아메리칸 드림을 이루고자 열심히 노력하고 있었으니 말이다. 수많은 이탈리아계 미국인이 이런저런 방식으로 꿈을 이루었다. 그중에서도 마피아 두목 알 카포네와 오페라 테너 가수 엔리코 카루소는 심지어 전 세계로 널리 이름을 떨쳤다. 파시스트 정권이 들어서고 2차 세계대전이 발발해 미국이 이탈리아의 적국이 되면서 미국을 향한 이탈리아인의 열광이 잠시 식기는 했지만, 그 불씨는 꺼지지 않아 전후에 두 나라는 다시 우호적 관계를 형성했다.

전쟁을 치르는 동안 무솔리니Mussolini, Benito Amilcare Andrea: 1883~1945[*]의 인기는 시들해졌고, 1943~1944년에 미군은 해방군으로 환영받았다. 물론 생각이 다른 사람들도 있었지만, 다수의 눈치를 보느라 굳이 그 사실을 입에 올리지 않았다. 유럽 다른 나라에서 그랬듯 미군은 추잉검과 초콜릿 같은 물품을 나누어주었다. 전쟁으로 살기 어려워진 나라에서는 말도 못 할 사치품들이었다. 미국은 틀림없이 부자일 거야! 다들 그렇게 믿었다. 마셜 플랜Marshall Plan^{**} 에 따라 1948년부터 1951년까지 미국이 유럽 여러 나라에 나누어준 막대한 지원금은 미국이 부자라는 믿음을 더욱 구체적으로 입증했다. 이탈리아는 재건 비용으로 10억 달러가 넘는 돈을 지원받았다. 영국과 프

---

* 이탈리아의 정치가. 1차 세계대전 이후 파시스트당을 조직하고, 1922년 쿠데타로 정권을 잡았으며, 수상이 되어 독재 체제를 구축했다. 1940년 일본, 독일과의 삼국 동맹으로 연합국 측에 선전포고하고 2차 세계대전에 참전했으나, 패하여 자국 내의 빨치산에게 피살되었다.

** 2차 세계대전 후 미국의 원조로 이루어진 유럽의 경제 부흥 계획. 1947년 6월에 당시의 국무장관이던 마셜이 하버드대학교에서 한 연설이 기초가 되어 파리에서의 유럽 부흥 회의 보고서를 검토한 뒤 작성한 계획이다. 국가별 원조를 지양하고 지역적인 원조를 하자고 주장하는 내용을 담고 있다.

1950년대, 공장에서 피아트 자동차를 조립하는 노동자.

마셜 플랜에 따른 경제적 지원으로 이탈리아 자동차 산업이 발전하던 1950년대에
피아트 자동차의 별명은 '마셜 플랜 베이비'였다.

랑스에 이어 세 번째로 많은 금액이었다.

물론 모두가 미국 이민을 꿈꾼 것은 아니다. 전후 이탈리아에도 일자리는 있었다. 이탈리아 북부 도시들에서 다시 공장이 돌아갔다. 여전히 이민율이 높았으며, 남아메리카의 나라들이 새로운 이민국으로 부상하기도 했지만, 서서히 이민을 바라보는 시각이 바뀌기 시작했다. 꿈을 이루기 위해 꼭 대서양을 건너야할 필요가 없었다. 이탈리아에서도 가능했다. 도시화는 사람들의 라이프스타일을 바꾸었고, 덕분에 이탈리아 맥주 기업들은 다시 주류 시장 점유율을 높일 기회를 잡았다.

1940년대 후반만 해도 이탈리아의 맥주 소비량은 많지 않았다. 남부와 중부에서는 한여름에 갈증을 달래는 음료로 맥주를 마셨지만, 식사 때는 물이나 포도주를 마셨다. 북부의 공업 도시로 일자리를 찾으러 간 남부 출신들은 전혀 다른 음식문화에 깜짝 놀랐다. 북부의 도시인은 파스타보다 옥수숫가루로 만든 폴렌타polenta: 옥수수죽나 밥을 더 좋아했다. 기름도 올리브유 대신 버터를 썼다. 포도주는 북부에서도 많이 마셨지만, 19세기에 오스트리아의 지배를 받았던 지역에서는 맥주도 즐겨 마셨다.

유입 인구가 늘어난 이탈리아 북부의 양조장들은 해마다 매출 기록을 경신했다. 모레티Moretti 양조장이 대표적이었다. 로마의 페로니 양조장도 위기의식을 느끼고 북부의 작은 양조장들을 사들였다. 하지만 페로니의 결정적인 성공 요인은 따로 있었다. 전통적으로 맥주를 마시지 않는 지역이야말로 맥주 시장의 전망이 가장 밝은 곳이라는 깨달음이었다. 즉, 이탈리아 남부와 중부에서 맥주 사업이 성장할 가능성이 더 높았던 것이다. 그러나 그 가능성을 현실로 만들자면 우선 소비자들의 생활습관이 바뀌어야했다.

이탈리아는 1950년대에 경제 기적을 경험했다. 소비가 놀라울 정도로 증가했다. 새로운 이탈리아가 원한 도회적 삶을 영위하려면 소비할 것이 많았다. 페로니는 1950년대 초반에 미국 설비로 양조 기술을 현대화했다. 동시에 기업 수뇌부가 미국의 마케팅 전략을 배웠고, 변화하는 사회에서 강렬한 브랜드명이 얼마나 중요한지 깨달았다. 소비자들은 선택하고 또 선택했다. 마음에 드는 브랜드의 자전거와 담배, 맥주를 선택해 구매함으로써 자유를 표현했다.

페로니는 이름을 알리고자 노력했다. 술집에 와서 그냥 맥주가 아니라 정확히 '페로니'를 주문하는 단골 고객층을 형성하는 것이 목표였다. 그 대표적인 방법은 재떨이, 테이블, 의자, 차양 같은 판촉물을 제공하는 것이었다. 다양한 판촉물을 술집이나 카페에 제공해 브랜드명을 구축해나갔는데, 그중에서도 '비라 페로니Birra Peroni'라는 글자가 적힌 톱니 모양의 '왕관 뚜껑'이 특히 인기 있었다. 역시나 미국이 원조인 이 병뚜껑은 지금이야 흔한 것이지만, 1950년대만 해도 이탈리아에서는 처음 선보인 신제품이었다. 페로니는 이 병뚜껑을 제품의 높은 품질을 입증하는 상징물로 만들었다.

1950년대 이탈리아 국민의 맥주 사랑은 광고가 일깨운 것이었다. 초기 광고는 누가 봐도 가르치는 식이었다. 맥주가 '남녀노소 누구에게나' 어울린다는 점을 환기하고, '무더운 여름은 물론이고 사계절

1950년대, 테르니(Terni) 철강 회사에서 작업을 마치고 쏟아져 나오는 노동자들. 아마도 퇴근 후 맥주 한잔하러 가는 사람이 많았을 것이다.

내내' 즐길 수 있다고 강조했다. 또 '장보기 목록에 매일' 맥주가 들어 간다는 광고 문구도 있었다. 광고 모델로는 당대 최고 스타를 발탁했 다. 영화 〈달콤한 인생〉1960으로 시대의 아이콘이 된 아니타 에크베 르그를 모델로 삼은 적도 있었다. 이제 '맥주' 하면 모두가 모던함과 도시를 떠올렸고, 나아가 진보를 연상했다.

광고는 효력을 발휘했다. 1958~1963년 사이에 페로니의 매출은 두 배로 뛰었다. 다른 회사의 맥주도 많이 팔렸는데, 어찌나 수요가 많았는지 생산이 미처 수요를 따라가지 못할 때도 있었다. 동시에 포 도주 소비는 줄어들었다. 사람들의 입맛이 바뀐 탓도 있겠지만, 경제 성장과 도시화도 중요한 원인이었다. 예전에는 공장 노동자들이 고향에서 만들어 보낸 포도주를 마셨지만, 이제는 술집에 앉아 맥주를 홀짝이며 텔레비전을 볼 만큼 경제적 여유가 생긴 것이다. 심지어 맥주에 간단한 안주까지 곁들일 수 있었다. 이탈리아의 정규 텔레비전 방송은 1954년에 시작되었는데, 그 여파로 술집이 붐볐다. 텔레비전을 보러 술집을 찾는 사람이 많았기 때문이다. 각 가정으로 텔레비전이 보급된 것은 다시 10여 년이 흐른 뒤였다.

1960년대 초반 페로니는 이탈리아 맥주 시장에서 이미 단단히 입지를 다진 상태였다. 국내 맥주 매출의 3분의 1을 차지하며 맥주 시장의 선두 주자가 되었다. 그리고 1964년 프리미엄 라거 '나스트라즈로Nastro Azzurro'를 시장에 선보이며 또 한 번의 성공을 거두었다. '푸른 리본'이라는 뜻의 제품명은 시대의 핵심을 건드렸다. 그 이름은 향수를 불러오는 동시에 역동적이었고, 새로운 미래를 지향했다. 푸른 리본은 20세기 초 최고 평균 속도로 대서양을 횡단하는 여객선에 수여하는 비공식적인 상의 이름이었다. 1910년 RMS 모리타니아RMS Mauretania호*가 26노트48km/h의 속력으로 기록을 경신하면서 일반에까지 이 상이 알려졌다.

나스트라즈로 맥주는 소비자들에게 '미국'과 '모던함'을 떠올리게 했다. 이름은 20세기 초의 이주 물결을 떠올리게 했지만, 흰 바탕에 소박한 마크는 다른 이탈리아 맥주 상표와는 다르게 세련된 인상을

---

* 1906년에 만들어져 1935년에 폐기된 대형 여객선으로, 1907~1927년까지 푸른 리본을 보유했다.

흰 바탕에 그린 푸른 리본은 향수를 불러오는
동시에 역동적이었고, 새로운 미래를 지향했다.

풍겼다. 당시까지 이탈리아에서 별로 인기가 없던 캔 포장을 과감하
게 택한 것도 혁신적이었다. 1967년 짧은 세일러복을 입은 금발 미녀
솔비 슈튀빙이 광고 모델로 등장하면서 나스트라즈로의 인기는 급
상승했다. 슈튀빙은 1970년대에 들어 다른 모델로 교체되었지만, 금
발 미녀를 모델로 삼은 광고는 그 후로도 몇십 년 동안 계속되었다.
펠리니 감독의 〈달콤한 인생〉을 패러디한 2006년의 광고가 특히 인
상적이었다.

　페로니를 비롯한 이탈리아 양조 기업의 성공은 이탈리아의 경제
기적과 정확히 맞물린다. 1973년 석유 파동으로 이탈리아 경제가 침

체에 빠지자 맥주 수요도 급감했다. 가난해진 이탈리아의 보통 사람들은 다시 엄마의 집밥과 할아버지의 포도주를 찾았다. 하지만 1970년대 말, 경제가 되살아나자 맥주 수요도 언제 그랬냐는 듯 다시 회복세를 보였다. 이탈리아 국민의 연간 맥주 소비량은 1980년대와 1990년대에 계속 증가하다가 21세기에 접어들면서 안정세를 보여 1인당 약 30리터에 머물고 있다.

페로니 나스트라즈로
Peroni Nastro Azzurro   로마(이탈리아)

유형	라거
알코올 함량	5.1%
비중	5.1°P
쓴맛	11.4 EBU
색상	5.8 EBC

프란체스코 페로니Peroni, Francesco는 1846년, 이탈리아 북부의 비제바노에 자기 이름을 붙인 양조장을 세웠다. 그러나 이탈리아가 통일되면서 수도 로마의 성장 가능성이 눈에 보이자 그는 1860~1870년대에 양조장을 로마로 이전했다. 가족 기업으로 출발한 페로니 양조장은 20세기 초에 이탈리아 남부 전역으로 사업을 확장했고, 1960년대부터 국제 시장으로 진출했다. 2003년 페로니는 다국적 기업 SAB밀러SAB Miller에 인수되었다.

'페로니 나스트라즈로'는 색깔이 옅은 미디움 바디 라거맥주다. 1964년에 출시되었고 이듬해 페루자에서 열린 세계맥주대회에서 라거 부문 금메달을 수상했다. 이탈리아 라거맥주가 대부분 그렇듯 나스트라즈로 역시 맥아 맛을 순화하기 위해 옥수수를 넣는다. 맛은 신선하고 곡물 맛이 나며 홉의 쓴맛이 뒤에 남는다.

바츨라프 하벨 체코 대통령이 국빈들을 데리고 술을 마시러 갔다. 1994년, '우 즐라테호 티그라' 펍에서 하벨 대통령과 동석한 빌 클린턴 미국 대통령과 매들린 올브라이트 UN 대사. 사진: 온드르제이 네메츠

20
양조장 일꾼,
대통령이 되다

....

체코 극작가 바츨라프 하벨Havel, Václav: 1936~2011은 동유럽 공산권 붕괴의 핵심 주역이다. 1989년 벨벳혁명velvet revolution*의 영웅인 그는 체코슬로바키아의 마지막 대통령이자, 체코공화국의 초대 대통령이다. 이렇듯 연극계와 정치계에서 굵직한 업적을 남겼지만, 그것이 이력의 전부가 아니다. 그는 양조장 노동자로도 1년 가까운 시간을 보냈다.

1948년 공산당이 권력을 장악하기 전까지 하벨의 아버지는 성공한 기업인이었다. 이 때문에 하벨에게는 부르주아 출신이라는 딱지

---

* 1989년 체코슬로바키아의 공산 정권 붕괴를 불러온 시민혁명. 'velvet'은 부드러운 천을 가리키는 말인 동시에 형용사로는 '조용한', '평화로운'이라는 뜻도 지닌다. 체코슬로바키아는 이후 사회주의 체제를 끝내고 의회 민주주의 체제로 바뀜으로써 40여 년의 공산 독재에 종지부를 찍었다. 이때부터 '벨벳혁명'은 피를 흘리지 않고 평화적으로 이룩한 혁명을 비유하는 말로 쓰이게 되었다.

가 붙었다. 지배자들은 이런 부르주아 청년이 당연히 의심스러웠을 것이다. 1955년 하벨은 대학에 들어가 인문학을 공부하려고 했지만, 대학 입학이 좌절되었다. 하는 수 없이 2년 동안 프라하의 체코공과 대학교에서 교육받았으나 딱히 기술자가 되고 싶은 마음은 생기지 않았다. 연극으로 눈길을 돌렸기 때문이다. 1960년대 초, 하벨은 관료주의의 모순을 고발한 부조리극으로 국내는 물론 외국에서도 크게 호평을 받았다.

그러나 1968년에 소련이 체코를 점령하면서부터 그의 작품은 국내 상연이 금지되었다. 그래도 아직 먹고살 만은 했다. 프라하 도심에 집이 한 채 있었고, 한 해 전에 체코슬로바키아 북부 트루트노프 시 외곽의 흐라데체크에 농가도 한 채 마련해 둔 터였다. 또 1968년의 소련 침공으로 그의 작품이 서방에서 유례없이 큰 인기를 모은 덕분에 저작권료가 정기적으로 들어왔다.

그러나 점차 작품의 시의성이 떨어지면서 수입이 줄자 주머니 사정도 어려워지기 시작했다. 작품은 꾸준히 썼으나 그의 정치 에세이들은 불법으로 지하에서 유통되었을 뿐이다. 아무것도 할 수 없는 상황이 절망스러웠다. 프라하에서는 무슨 짓을 해도 철저한 감시 대상이었으므로 그와 아내 올가Olga는 대부분의 시간을 흐라데체크의 시골집에서 보냈다. 훗날 하벨은 그 1970년대 초반을 '반半자발적 국내 망명'이라고 불렀다.

1974년 겨울이 되자 하벨은 일을 찾아 나섰다. 돈 걱정도 컸지만, 무엇보다 의미 있는 일을 하고 싶다는 욕망 때문이었다. 물론 그렇다고 해서 경제적으로 파산 직전이었던 것은 아니다.

흐라데체크에서 약 10킬로미터 떨어진 곳에 트루트노프Trutnov 양조장이 있었다. 면접을 보러 간 하벨은 양조장 총감독에게 자신이 당국의 요주의 인물이라고 털어놓았다. 감독은 "우리 양조장에는 집시들도 있다네" 하고 대답하며 선선히 하벨을 창고 직원으로 고용했다. 이틀 후 그 사실을 알게 된 지역 공산당 위원회는 하벨이 정치적으로 문제가 있으니 고용하지 말라고 양조장 측에 통보했다. 그러나 이미 때는 늦었다. 근로계약서에 사인을 마친 상태였다. 이제 공산당이 할 수 있는 일이라고는 비밀경찰을 보내 양조장 내부에 녹음기를 설치하고 지역 공산당원인 직원들에게 하벨의 감시를 명령하는 것뿐이었다.

하벨은 양조장에서 원하던 것을 얻었다. 바로 육체노동이었다. 허약한 몸으로 홉과 보릿자루를 나르고 추운 창고에서 맥주통을 옮기려니 시와 연극과 정치 따위는 생각할 겨를이 없었다. 100리터 들이 맥주통은 비었을 때도 무게가 95킬로그램이었다. 가득 차면 두 배는 더 무거웠다. 하벨의 상관이었던 얀 슈팔레크는 당시의 그를 이렇게 기억했다. "처음에는 정말 힘들어했지. 가엾게도 종일 벌벌 떨었다오." 그래도 시간이 가면서 차츰 일이 몸에 배서 나중에는 맥주통도 쉽게 굴렸다. 비밀경찰은 건질 것이 없어 아쉬웠겠지만, 하벨은 양조장에서 정치 이야기를 일절 하지 않았다. 동료들은 그를 '조용한 사람', '좋은 동료', '성실한 사람', '우리랑 별로 다를 것 없는 사람'으로 기억했다.

아무리 그래도 하벨의 도발적인 성향만큼은 완전히 감출 수 없었다. 그는 서독에서 마르크화를 주고 구매한 메르세데스 벤츠를 아침마다 타고 출근했다. 그런데 며칠 만에 양조장 주차장에 차를 대지 말라는 권고를 받았다. 이해를 못 하겠다는 그의 표정에 동료들은 한심하다는 듯 이렇게 한마디 던졌다. "사장님도 경차 모스크비치Moscvici를 타고 총감독님도 모스크비치를 타는데…… 자네는 메르세데스를 몰고 다니는군." 하는 수 없이 이번에는 양조장 앞 도로에 차를 세웠지만, '노동자 계급을 선동한다'는 이유로 다시 주의를 받았다. 다음 날 그는 공산당 사무실 앞에 차를 세웠고, 그 결정에는 노동자 계급도 크게 불만이 없었던 것 같다.

몇 달 뒤, 하벨은 승진해서 창고가 아닌 양조장 내부로 자리를 옮겨 여과 장치를 담당했다. 몇십 년이 흐른 후, 그는 유머를 아는 작가답게 당시 자신의 업무가 '맥주를 망치는 일'이었다고 회고했다. 그는 이유를 이렇게 설명했다. "맥주는 양조를 마친 직후에 맛이 제일 좋다. 아직 효모가 살짝 남아 있어서 향이 살아 있기 때문이다. 하지만 그대로 두면 통이 폭발할 수 있으므로 배달하기 전에 걸러야 한다. 그러면 맛이 나빠진다."

하벨은 1974년 11월에 사표를 냈다. 아주 단순한 이유 때문이었다. 평소처럼 양조장으로 출근할 수 없었던 것이다. 겨울이 닥치자 비밀경찰은 하벨의 집 주변 도로에 눈을 치우지 말라는 지시를 내렸다. 걸어서는 출근할 수 없었으니 당연히 일을 포기할 수밖에 없었다. 양조장에서 일하는 동안 기대와 달리 돈을 많이 벌지는 못했다. 2천 코루나였던 월급의 3분의 1이 자동차 기름값으로 나간 탓이다. 그러나 그 9개월의 경험은 풍성했고, 어떤 의미에서는 이후의 이력을 좌우할 정도로 값진 것이었다.

1975년 초, 하벨은 단막극《관객》을 집필했다. 훗날 그는 그것이 하루 이틀 만에 완성한 작품이라고 말한 바 있다. 주인공은 하벨처럼 양조장에 취직한 지식인 페르디난트 바넥과 맥주를 너무 좋아하는 바넥의 상사다. 상사는 높은 곳으로부터 바넥의 일거수일투족을 감시해 보고하라는 지시를 받는다. 하지만 글을 잘 못 쓰는 그는 하는 수 없이 바넥더러 알아서 자신을 감시하고 보고서까지 스스로 작성하라고 부탁한다.

지하에서 알음알음으로 읽히던 작품《관객》은 트루트노프 양조장 노동자들의 손에까지 들어갔다. 누가 봐도 주인공 바넥과 상사의 모델이 누구인지 뻔했다. 다정한 성격을 지닌 양조장 총감독 빌렘 카스퍼가 사실은 술독에 빠진 사람이었던 것이다. 또 한 사람의 주인공 바넥은 이후의 작품《제막식》1975과《프로테스트》1978에서도 주인공으로 등장한다.

《관객》을 집필하면서 하벨은 창작열을 되찾았다. 1975년 4월 그는 체코슬로바키아 공산당 서기장 구스타프 후사크Husák, Gustáv: 1913~1991에게 보내는 공개서한을 작성해 운명의 낙인을 찍었다. 국가 권력의 눈에 그는 이제 추방자이자 반체제 지식인들의 주동자였다.

그리고 2년 후, 77헌장Charter 77*에 앞장서서 서명함으로써 반체제
운동의 선구자로 더욱 이름을 날렸다.

1970년대 체코슬로바키아에서는 반체제 인사들에게 그들의 교
육 수준에 맞는 일자리를 허락하지 않았다. 그래서 지식인 대부분이
임시직으로 연명할 수밖에 없었다. 예를 들어 언론인 이리 디엔스트
비에르Dienstbier, Jiří: 1969~는 프라하 스미호프구에 있는 스타로프라멘
Staropramen 양조장에서 화부 겸 야간 경비원으로 일했다.

하벨은 1979~1983년까지 감옥살이를 했다. 그러나 1980년대 말
에 시작된 페레스트로이카perestroika**는 체코슬로바키아의 반체제 인
사들에게도 숨통을 틀 여지를 주었다. 그들은 프라하의 맥줏집에서
만나 더 나은 세상을 구상했고, 그 구상은 단순한 술자리 토론으로
끝나지 않았다. 1989년 11월 하벨과 디엔스트비에르가 이끄는 벨벳
혁명이 평화적으로 정권 교체를 이루어냈다. 그해 12월에 하벨은 체
코슬로바키아의 대통령이 되었고, 디엔스트비에르는 외무장관이 되
어 1992년까지 재직했다.

하벨은 대통령이 된 뒤에도 술집에 들르는 해묵은 습관을 버리지
못했다. 핀란드 기자 마르티 푸코와의 인터뷰에서 그는 1990년 2월
대통령이 되고 나서 처음 미국 순방 길에 올랐을 때의 재미난 일화를
들려주었다.

---

* 1977년 11월 체코의 지성인들이 발표한 인권 선언문.
** 1986년 이후 소련의 고르바초프 정권이 추진한 정책의 기본 노선. 국내적으로는 민주화·자유화를,
   외교적으로는 긴장 완화를 기조로 한다.

프라하 구시가지의 유명한 펍 '우 즐라테호 티그라' 입구. '황금 호랑이'라는 뜻에 걸맞게 출입구에
황금색 호랑이 부조가 붙어 있다.

하벨의 또 다른 단골집 '우 드보우 슬룬추'. 프라하 궁에서 불과 두 블록 떨어져 있다.

하벨이 술을 한잔하고 싶어서 술집에 갔다. 경호원들한테는 멀찍이 떨어져 있으라고 이르고 바에 앉아 맥주를 마시고 있었다. 옆자리에 한 미국인이 와서 앉자 두 사람은 이야기를 나누기 시작했고, 미국인은 상대의 외국 억양을 알아차리고 어디서 왔느냐고 물었다. "체코슬로바키아에서 왔습니다." 하벨이 대답했다. 남자는 그 나라가 어디에 있는지 잘 모르는 것 같았으나 곧바로 다음 질문을 던졌다. "그럼 그 체코슬로바키아에서 무슨 일을 하시오?" 하벨이 사실대로 대통령이라고 대답하자 남자는 웃음을 터트렸다. 어찌나 폭소를 터트렸던지 입에 있던 맥주 거품이 뿜어져 나올 정도였다. "그거 좋아. 그거 잘 됐네." 그가 소리치며 정말 잘 됐다는 듯 하벨의 등을 두드려주었다. 그러면서 말했다. "대답이 마음에 들었으니 내가 한 잔 사지요." 하벨은 거절하지 않았고 두 남자는 다시 채운 맥주잔을 들어 건배했다. 미국인은 껄껄 웃으며 술집에 있던 모든 사람을 향해 자기가지금 체코슬로바키아의 대통령과 맥주를 마시는 중이라고 알렸다.

경호원들은 곤혹스러웠겠지만, 하벨은 대통령으로 재직 중에도 사전 예고 없이 단골 술집에 들러 맥주를 마셨다. 물론 경호원들이 동행하기는 했으나 그렇게 불쑥 일정을 바꾸면 대통령의 신변 보호를 위한 예방책을 세울 수가 없다. 하벨은 아랑곳하지 않았다.

대통령의 손님들도 체코 제일의 술집을 경험할 수 있었다. 하벨이 몇십 년 동안이나 단골로 들르던 술집 '나 리바르네Na Rybárně'는 고라즈도바 17번지 그의 옛집 바로 옆에 있었다. 그곳으로 그는 영국 록그룹 '롤링 스톤스'와 미 국무장관 매들린 올브라이트Albright, Madeleine:

플젠의 양조 박물관에 전시된 필스너 우르켈 맥주병. 체코어로 '플젠스키 프라즈로이'라고 쓴 상표가 붙은 것도 있고, '필스너 우르켈'이라는 독일어 상표가 붙은 것도 있다.

1937~[*]를 데려가 필스너 우르켈Pilsner Urquell^{**}을 함께 마셨다. 지금도 그 주소를 찾아가면 우르켈 생맥주를 맛볼 수 있다. 그러나 생선 요리도 상에 올리던 그 맥줏집은 그사이 베트남 식당으로 바뀌었다.

1994년 빌 클린턴Clinton, Bill: 1946~이 프라하를 방문했을 때도 하벨

---

* 어린 시절 이민 가기 전까지는 프라하 출생의 체코인 '마리에 야나 코르벨로바(Korbelová, Marie Jana)' 였다.

** 체코 플젠 지역에서 양조하는 하면발효 방식의 맥주로, 라거맥주의 효시로 불린다. 플젠의 양조장에 서 만들어지는 필스너 우르켈의 상표에는 체코어로 '플젠스키 프라즈로이'라고 쓰여 있지만, 그 외의 지역에서는 독일어인 '필스너 우르켈'이라는 이름을 사용한다.

은 그를 구시가지의 유명한 펍 '우 즐라테호 티그라U Zlatého Tygra, 후소바17번지'로 데려가서 우르켈을 마셨다. 하벨의 또 다른 단골집 '우 드보우 슬룬추U Dvou sluncǔ, 네루도바 47'에 가도 다른 체코 맥주들과 함께 우르켈을 맛볼 수 있다. 이 펍은 위치도 좋아서 체코 대통령 관저인 프라하 궁에서 불과 두 블록 떨어져 있다.

크라코노시 스베틀리 레작

Krakonoš Světlý Ležák　트루트노프(체코공화국)

유형	필스너
알코올 함량	5.1%
비중	12°P
쓴맛	36 EBU
색상	12 EBC

트루트노프는 폴란드 국경과 가까운 체코공화국의 북부에 있는 도시다. 바츨라프 하벨은 이곳을 아주 좋아했다. 폐암으로 오래 투병한 그는 트루트노프 인근 흐라데체크의 시골집에서 눈을 감았다. 2차 세계대전이 끝날 때까지 이 지역에서는 주로 독일어를 사용했고, 1938~1945년까지는 수데텐란트 일부로 편입되어 독일제국의 영토였다. 수데텐란트는 2차 세계대전 후에 다시 체코공화국에 반환되었다.

트루트노프에서 맥주를 양조했다는 가장 오래된 기록은 1260년의 것이다. 보헤미아의 왕 오타카르 2세가 이곳 시민들에게 양조권을 주었다는 내용이다. 1582년에 세워진 트루트노프 양조장의 정식 이름은 피보바르 크라코노시 트루트노프Pivovar Krakonoš Trutnov 양조장으로, 체코 기준으로는 중기업이다. 이곳에서 생산하는 필스너와 다크 라거 및 라이트 라거는 주로 인근의 흐르데츠 크랄로베와 리베레츠에서 판매된다. '크라코노시 스베틀리 레작'은 생산량으로 보나 유명세로 보나 이 양조장의 대표 제품이다. 저온살균 처리 과정을 거치지 않은 호박색 필스너로 거품의 농도가 짙다. 맥아, 과일, 토피 향이 나고 맥아 맛과 홉 맛이 강하며 체코 필스너 특유의 드라이한 홉 맛이 뒷맛으로 남는다.

잡지 《판》에 인쇄되어 들어 있던 당원 카드는 폭발적인 반응을 불러일으켰고,
장난으로 시작된 맥주 애호가당은 의회의 정식 정당이 되었다.

21
폴란드의
맥주 애호가 정당

....

1980년대 말부터 1990년대 초까지 동유럽에는 탈공산주의와 민주화의 바람이 불었다. 폴란드는 그 흐름을 선도한 나라다. 1989년 선거에서 자유연대노조가 폴란드 하원의 의석을 휩쓸었고, 이듬해에는 노조 지도자 레흐 바웬사Walesa, Lech: 1943~가 대통령이 되었다. 그런데 폴란드는 자유를 되찾았지만, 미처 그 자유의 활용 방안은 찾지 못한 상태였다. 해방의 열광이 수그러들자 다시금 음울한 일상이 돌아왔다. 공산주의는 무너졌으나 기대와 달리 전 국민의 생활수준은 당장 서유럽만큼 높아지지 않았다. 오히려 국영기업의 합리화 조처로 대량해고 사태가 발생했으며, 생필품의 가격통제가 사라지자 물가가 폭등했다. 자유연대노조는 여러 개의 정당으로 흩어졌고 정치는 점점 더 정쟁으로 변질되었다. 1991년에 최초의 완벽한 자유 총선이 시행되기 전까지 실망과 우울함이 폴란드를 뒤덮고 있었다. 대통령 바웬사 역시 화난 국민의 표적이 되어 정치와 무관한 일에도 비난을 받았다. 폴란드는 변화를 고대했지만, 그 변화가 어떤 모습이어야 할지 구체적으로 알지 못했다. 이런 1900년대 초의 시대 분위기를 대표적으로 보여준 현상이 바로 '폴란드 맥주 애호가당PPPP, Polska Partia Przyjaciół Piwa'이다.

유럽 역사에서 맥주 애호가당이 폴란드에만 있었던 것은 아니다. 1990년대에 체코슬로바키아, 러시아, 우크라이나, 벨라루스에도 같은 이름의 정당이 있었다. 이들 당의 정강도 폴란드 맥주 애호가당의 그것과 비슷했다. 경제 개혁과 술 소비 억제를 진지하게 주장한 곳도 있었지만, 그냥 장난으로 만든 정당도 있었다. 하지만 의회에까지 진출한 정당은 폴란드 맥주 애호가당이 유일하다.

폴란드 국민의 정체성은 국가 권력에 대한 저항을 바탕에 깔고 있다. 18세기 말에 폴란드가 분할된 뒤로 폴란드 국민은 1918~1939년까지의 짧은 공화국 시절을 제외하면 200년이라는 긴 세월 동안 자체 정부를 갖지 못했다. 오랜 세월 러시아, 오스트리아-헝가리제국, 프로이센에 정복당했고, 마지막에는 나치 독일에 흡수·합병되었다. 전후의 공산 정권은 소련의 압력으로 세워진 것이었다. 이런 배경을 생각하면 자유에 대한 실망감이 광범위한 정치 염증으로 표현된 것도 놀라운 일은 아니다.

1980년대 말에서 1990년대 초까지 〈비어 스카우트〉라는 제목의 시트콤이 폴란드 텔레비전에서 방영되었다. 보이스카우트 단복을 입은 성인 남자들이 맥주 내기를 하고는 온갖 모험을 벌이는 내용이었다. 엄청난 인기를 누린 것은 아니었지만, 시트콤 관계자들이 시나

리오 작업을 하다가 문득 이런 아이디어를 내게 되었다. "맥주 정당을 만들 수는 없을까?" 맥주잔을 부딪치며 토론하던 그들은 다음 날 아침에 술이 깨고나서도 아이디어가 괜찮다고 결론 내리게 되었다.

그 시절 폴란드에는 수많은 정당이 등장했다. 1980년대에는 자유연대노조가 반공산당 세력을 결집시켰지만, 공동의 적이 사라지자 공동의 목적도 사라졌다. 곧 자유노조라는 이름의 과도정부가 권력을 잡았으나 노조 자체는 1989~1990년 사이에 목적이 다른 수많은 정치 집단으로 분열되었다. 애당초 다른 정파였던 사회민주주의당, 가톨릭당, 농민당, 자유당은 각기 다른 정당을 창당하며 독립해 나갔고, 모두가 1991년 가을에 열릴 1회 총선에서 권력을 장악하기를 바랐다. 실제로 1991년 가을 총선에는 총 111개의 정당 또는 후보자가 나왔을 만큼 정치 시스템 분열이 대단했다.

폴란드 맥주 애호가당은 자기들끼리의 농담으로 시작되었다. 〈비어 스카우트〉 출연진의 아이디어가 잡지《판Pan》의 편집진 귀에 들어갔고, 편집장 아담 할베르Halber, Adam가 그것을 조금 더 구체화했다. 그는 반은 재미로, 반은 진지하게 당의 정강을 만들었는데 이런 구절도 있었다. "당원은 맥주 문화가 좋아지도록, 정당 수뇌부는 더 좋아지도록 최선을 다한다. 우리에게는 편안한 분위기에서 품질 좋은 맥주 한 잔을 마실 수 있는 제대로 된 맥줏집이 필요하다. 그렇게 된다면 오데르, 비스툴라, 버그 강변의 저급한 보드카 문화는 맥주를 즐기는 문화로 바뀔 것이다." 보드카 문화를 들먹인 것이 먹혔다. 남쪽의 이웃 체코슬로바키아나 서쪽의 이웃 독일과 달리 1990년의 폴란드는 동유럽 보드카의 최서방 전초기지였다. 평균적인 폴란드 국민 한 사람의 연간 보드카 소비량이 10리터에 달했으며, 보드카가 전체 술 소비량의 60퍼센트를 차지했다. 맥주가 차지한 비율은 채 25퍼센트가 못 되었다. 폴란드의 1인당 연간 맥주 소비량은 29리터로, 체코슬로바키아의 4분의 1 수준이었다.

폴란드 맥주의 역사는 길고도 다채롭다. 비옥한 평야에는 보리가 잘 자라서 중세에 폴란드에서 양조하는 맥주의 양이 중부 유럽과 비슷했다. 심지어 맥주 때문에 감정싸움이 벌어진 적도 있다. 지금은 폴란드 남서부인 실롱스크독일어로 슐레지엔의 브로츠와프에서 교회와 세속 권력이 맥주 몇 통을 두고 브로츠와프 내전1380~1382을 벌인 것이다. 물론 내전이라는 이름과 달리 무력충돌은 없었다.

14세기에 슐레지엔의 수도원들은 맥주를 양조하고 판매할 특별 권리를 지니고 있었다. 하지만 이런 특혜를 제외하면 양조 허가와 거래 권리는 브로츠와프 시의회가 독점했다. 그러다 보니 주교좌성당 참의회의 양조권에 관해 논란이 분분했다. 주교의 관할이었던 이들은 자신들이 수도원과 같은 권리를 지닌다고 생각했다. 하지만 세속 권력은 주교에게 양조권을 허락하지 않으려했다. 1380년 시의회가 무역 독점권을 주장하면서 레그니차 공작이 성탄 선물로 참의회에 보낸 유명한 시비드니차의 맥주 몇 통을 압수하자 성직자들이 크게 반발했다. 참의회는 맥주를 돌려주지 않으면 시민들을 파문하겠다고 협박했다. 또 브로츠와프에서는 미사를 올리지 않겠다고도 협박했다. 하지만 시의회는 굴복하지 않았다. 욕설과 저주가 오갔다. 성당 문은 족히 1년 동안이나 굳게 닫혔다. 1382년에 교황과 왕이 개입하면서 말다툼은 끝났다. 참의회와 시의회는 서로 "공손하고 존중하며 복종하고 충성하겠노라"고 발표했다. 그러나 양조권 문제는 그 후로도 몇백 년 동안 해결되지 않았다. 그나저나 시비드니차 맥주는 이미 오래전에 시의회 의원들의 목구멍으로 넘어가고 말았으니…….

그로부터 족히 600년은 흐른 뒤, 폴란드에서 또다시 맥주 논쟁이 벌어졌다. 하지만 이번에는 훨씬 더 우아하게, 그리고 완벽하게 합법적으로 진행되었다. 정당 등록을 하려면 5천 명의 서명이 필요했다. 아담 할베르 편집장은《판》1990년 가을 호에 계획 중인 맥주 애호가당의 광고를 실었다. 그리고 카드를 첨부해 창당을 지지하는 사람은 주소와 이름을 적어 보내 달라고 부탁했다. 반응은 폭발적이어서 응답자 수에 모두가 깜짝 놀랐다. 수천 명의 독자가 카드에 이름과 주소를 적고 서명까지 해서 편집부로 보낸 것이다. 그렇게 해서 필요한 수의 서명이 채워졌고, 12월 28일에 폴란드 맥주 애호가당은 정당 등록을 마쳤다. 농담은 현실이 되었다. 다음으로 시급한 문제는 당의 설립 목적을 정하는 것이었다.

맥주 애호가당은 총선 대비에 들어갔다. 정당 설립 아이디어를 낸 〈비어 스카우트〉의 코미디언 야누시 레빈스키Rewiński, Janusz가 당 대표를 맡았다. 아담 할베르는 부대표로 실무를 담당했다. 그는 자신이 직접 작성한 정강 초안을 수정해 더욱 세분화했다. 맥주문화를 장려하려면 독주의 세금을 올리고 소규모 양조장이나 술집의 개업 절차를 간소화하는 것이 급선무였다. 나아가 환경법을 강화할 필요가 있

맥주 애호가당은 회의할 때도 맥주잔을 기울였다. 오른쪽에서 두 번째, 턱수염 수북한 인물이 야누시 레빈스키다. ⓒHalicki(Wikipedia)

었다. 깨끗한 물이 없으면 좋은 맥주를 만들 수 없기 때문이다.

대중을 상대할 때는 레빈스키의 바보 이미지를 강조했다. 배불뚝이에 수염을 기른 레빈스키는 어디를 가나 눈에 띄었고 인기가 좋았다. 덕분에 정당의 인기도 따라 올라갔다. 선거 현수막에도 그는 텔레비전에서 보아 익숙한 보이스카우트 단복을 입고 맥주통을 질질 끄는 모습으로 등장했다. 그는 또 정당가의 가사를 쓰기도 했는데, 맥주의 우수성을 강조하는 내용이었다. "마셔라 맥주 한 잔, 마셔라 두 잔, 석 잔. 맥주를 마시면 유쾌하고 자유롭지. 이제 보드카는 맛이 없으니 기분 좋게 맥주잔을 들어라!"

이런 우호적인 분위기 덕분에 부대표 할베르는 총선에 출마할 후보 수백 명을 초고속으로 모집할 수 있었다. 맥주 애호가당의 경쾌한 이미지나 레빈스키의 인지도에 끌려서 온 사람도 많았지만, 맥주 애호가당을 신선하고 진보적인 정치적 대안으로 생각한 사람도 있었다. 공산당 1인 체제가 막을 내린 지는 불과 2년 남짓이었지만, 자유연대노조의 분열 탓에 집권 여당들이 몸살을 앓았다. 과도정부의 고통스러운 개혁 정책은 자유민주당과 사회민주당에 큰 짐을 안겼다. 맥주 애호가당은 자유연대노조나 공산당과 얽힌 과거가 없었다. 정계에서 나온 인물들이 아니었으니 말이다.

1991년 10월에 실시한 총선 결과는 예상과 다르지 않았다. 최초의 완벽한 자유 선거였음에도 선거에 대한 무관심이 놀라울 정도였다. 투표 참여율은 43.2퍼센트에 불과했다. 게다가 표가 산산이 갈리는 바람에 최대 당인 민주연합과 사회민주당마저 득표율이 각각 12퍼센트에 불과했다. 다른 정당들의 득표율은 10퍼센트를 밑돌았다. 총 460석의 의석이 무려 29개의 정당에 분할되었다. 그중 하나가 놀랍게도 맥주 애호가당이었다. 맥주 애호가당은 득표수 36만 7천 106표로 열여섯 명의 의원을 배출해 열 번째 원내 당이 되었다. 의회에서 이들의 자리는 중도와 우파 사이로, 맨 뒤쪽 두 줄이었다. 사람들은 출입구와 가까운 이 자리를 두고 맥주 애호가당은 화장실과 최대한 가까워야 하므로 그런 자리를 준 것이라고 농담했다.

이 같은 선거 결과는 맥주 애호가당에게 '피루스의 승리'나 마찬가지였다. 외국에서도 이 희한한 정당에 큰 관심을 보였고, 당 지도부는 연일 카메라 세례를 받았다. 그러나 내부에서는 갈등이 부글부글 끓었다. 부대표 아담 할베르를 필두로 당 지도부는 애초의 목표를 고수해 맥주잔을 통해 세상을 보려했다. 경제 개혁이나 환경법도 맥주의 입지를 강화한다면 당연히 찬성이었다. 하지만 당 대표 레빈스키가 끌어들인 상당수의 기업인은 맥주 애호가당을 일반적인 정강을 갖춘 정식 정당으로 만들자고 채근했다. 이상주의자와 실용주의자의 간극은 날로 커졌다. 결국, 당은 새 의회가 구성되기도 전에 갈라졌다. 언론은 이 사건을 대서특필하면서 두 그룹을 '큰 맥주'와 '작은 맥주'로 불렀다.

다수파인 큰 맥주는 당 대표 레빈스키가 후보로 데려온 기업인들이 주를 이루었다. 대부분이 정당의 짧은 역사를 기회 삼아 입후보하기 위해 온 사람들이었다. 즉, 맥주 애호가당을 변신의 기회로 삼았던 것이다. 총선에서 승리해 의원이 되었고, 훗날에는 장관 자리까지 올랐던 즈비그니에프 에이스몬트Eysmont, Zbigniew는 당시를 이렇게 기억한다. "당시에는 기업인 중에서 맥주를 마시는 사람이 별로 없었다. 입당한 것은 그저 유리한 기회였기 때문이다. 우리는 정치를 위

---

* 막대한 희생을 치른 승리, 보람 없는 승리, 희생이 아주 커서 패배나 다름없는 승리를 가리키는 말이다. 옛 그리스 에피루스(Epirus)의 왕 피루스(Pyrrhus)가 로마를 상대로 여러 차례 승리를 거두었지만, 병력의 3분의 1 이상을 잃을 정도로 희생이 컸기에 "이런 승리를 또 한 번 거두었다간 우리가 망할 것"이라고 말한 데서 생겨난 말이다.

해 정치에 입문하지 않았다. 그런 심정이었다면 그단스크의 자유당
에 들어갔을 것이다. 우리는 기업 활동을 위한 새 정치의 장을 열고
싶었을 뿐이다." 큰 맥주파 열세 명을 지칭하는 공식 명칭은 '폴란드
경제 프로그램PPG'이었다. 이들은 이내 맥주 애호가당을 외면하고
선도 우파 정당들을 지지했다. 에이스몬트는 1992년에 무임소無任所
장관으로 임명되어 경제 발전을 담당했다. 이 무렵 이미 PPG 그룹은
원래의 정당이나 그 정당을 계승한 작은 맥주파와는 전혀 실질적인
관련이 없었다. 그래도 에이스몬트의 소속 정당은 형식적으로 여전
히 폴란드 맥주 애호가당이었다. 따라서 그는 맥주 애호가당 출신의
첫 장관으로 역사에 기록되었다.

　의원 수가 불과 세 명이던 작은 맥주파 역시 의회 노선에서는 큰
맥주의 사업가 파벌과 큰 차이를 보이지 않았다. 처음에는 맥주에 집
중했으나 점차 개혁 정책 전반으로 옮아갔다. 물론 경제 정책의 관점
에서 보면 큰 맥주파보다 훨씬 좌파 쪽이었지만, 수가 적다보니 정치
적 영향력은 거의 없었다. 게다가 폴란드의 정치 지형이 변화를 거듭
했으므로 작은 맥주 의원들이 임기 동안 다른 원내 당으로 당적을 옮
겼다고 해서 놀란 사람은 아무도 없었다. 맥주 애호가당의 주도적인
이데올로그idéologues＊＊였던 할베르마저 당에 실망해 사회민주당으로
당적을 옮겼다.

＊　공통적인 직무상의 책임 이외에 따로 맡은 임무가 없음.
＊＊　특정한 계급적 입장이나 당파를 대표하는 이론적 지도자를 이르는 말.

의회는 채 2년을 못 버텼다. 1993년 5월 바웬사 대통령은 의회를 해산했다. 다음 총선 일정이 9월로 잡혔다. 맥주 애호가당은 분열된 상태로 선거 운동에 돌입했다. 2년 만에 당 지도부가 완전히 교체되었다. 기존 의원들은 다른 정당의 후보가 되거나 아예 정치판을 떠났다. 2년의 의원 활동이 맥주 애호가당에 대한 호감의 불씨마저 꺼뜨려 버린 것이다. 전국적으로 유명한 전직 운동선수와 감독들을 후보로 영입했지만, 마지막 맥주잔은 김빠진 맛이었다. 맥주 애호가당의 득표수는 불과 1만 4천382표였고, 이 0.1퍼센트 득표율로는 의회 입성의 꿈을 접을 수밖에 없었다. 무엇보다 정치 상황이 2년 전과 판이했다. 3대 정당이 총 의석의 82퍼센트를 차지했다. 맥주 애호가당 같은 저항 운동은 더 이상 발붙일 곳이 없었다. 정당 활동은 중지되었고, 당명은 다음 총선이 시행된 1997년 이전에 폴란드 정당 명부에서 삭제되고 말았다.

비록 역사는 짧았으나 그들은 맡은 바 임무를 다했다. 폴란드는 맥주의 나라가 되었다. 그 후 20년간 폴란드 술 소비에서 보드카가 차지하는 비중은 30퍼센트로 줄어들었다. 맥주문화는 질적으로나 양적으로 모두 꽃을 피웠다. 현재 폴란드는 유럽에서 독일, 러시아, 영국에 이어 네 번째 자리를 차지하는 맥주 생산국이다. 국민 1인당 연간 맥주 소비량 역시 세 배로 증가해 20년 만에 거의 100리터에 육박한다.

지비에츠

Żywiec 지비에츠(폴란드)

유형	라거
알코올 함량	5.6%
비중	12.3°P
쓴맛	20 EBU
색상	12.1 EBC

폴란드 양조산업은 지난 25년 동안 폴란드의 정당들과 같은 길을 걸었다. 큰 것은 더 커지고 작은 것은 더 가장자리로 밀려났다. 폴란드 최대 양조 기업은 SAB밀러가 보유한 콤파니아 피보바르스카Kompania Piwowarska로 주력 상품 티스키에Tyskie, 주브르Zubr, 레흐Lech를 내세워 시장 점유율 43퍼센트를 기록하고 있다. 하이네켄Heineken 그룹이 소유한 지비에츠도 시장 점유율 33퍼센트에 도달했다.

지비에츠시는 폴란드 남부 서西카르파티아산맥의 북쪽 가장자리에 있다. 1856년 오스트리아-헝가리제국의 알브레히트 대공이 이 도시에 양조장을 세웠다. 이 양조장은 2차 세계대전 이후 국유화되기 전까지 합스부르크 왕가 소유였다. 산맥의 끝자락에 있어 자연 친화적이라는 이미지는 민속 의상을 입고 춤추는 한 쌍의 남녀를 그린 기업 로고에서도 잘 드러난다. 로고에 등장하는 왕관은 폴란드의 뿌리를 상징한다.

회사와 이름이 같은 제품 '지비에츠'는 옥수수처럼 노란색을 띠는 미디움 바디 라거맥주다. 곡물 맛과 맥아의 달콤한 맛이 나며 홉의 비율은 중간 정도다. 전통 방식대로 계곡물을 사용해 양조한다.

세르비아군이 상수도를 차단한 후 사라예보 시민에게 식수와 생활용수를 공급한 것은 사라에브스카
양조장 우물이었다.

22
사라예보의 생명수

·········

1992년 4월 세르비아군이 보스니아-헤르체고비나*의 수도인 사라
예보를 포위했다. 30만 명에 가까운 사람이 도시에 갇혔다. 한 달 후,
세르비아군은 주변 산에서 사라예보로 물을 끌어오는 상수도관을
잘랐다. "물이 없으면 샴페인을 마시면 되지." 프랑스 왕비 마리 앙투
아네트였다면 아마 이렇게 말했을 것이다. 포위된 도시에 샴페인은
없었지만, 사람들은 사라예브스카Sarajevska 양조장 덕분에 갈증을 달
랠 수 있었다.

　이슬람교는 맥주를 포함한 일체의 술을 금지한다. 하지만 15세기
에 보스니아를 정복했던 오스만제국은 종교 문제에서만큼은 상대적
으로 관대했다. 특히 서구 지향적인 대재상 토팔 오스만 파샤가 보스

＊　흔히 보스니아로 부르지만, 보스니아-헤르체고비나(Bosnia and Herzegovina)가 정식 명칭이다.

니아를 통치하던 시기1861~1869에 보스니아에 술을 파는 양조장이 처음으로 문을 열었다. 오스트리아인 요제프 펠트바우어Feldbauer, Joseph가 수도의 서쪽 끝에 있는 코바치츠구에 사라예브스카 양조장을 세운 것이다. 대재상 오스만 파샤는 개업식에 직접 참석해 펠트바우어가 만든 맥주의 첫 잔을 마셨다. 맛이 정말 좋았던지 그는 빈 잔에 금화를 가득 채워 주인에게 돌려주었다고 한다. 그러나 기대와 달리 양조장은 장사가 잘 안 되었다. 수요도 적었고 경제 사정도 어려웠던 탓에 문을 닫은 적도 여러 번이었다.

유럽 산악 지대의 도시들이 식수 부족으로 고생하는 일은 없었다. 사람이 살지 않는 산 중턱에는 늘 맑은 물이 풍족했고, 나머지는 중력이 알아서 해결해주었다. 당연히 도심에도 애써 우물을 팔 이유가 없었다. 인구가 늘어 산중턱까지 사람이 살게 되면서부터는 물이 오염되지 않도록 관을 만들어 도심으로 물을 끌어왔다. 사라예보도 사정이 다르지 않았다. 사라예브스카 양조장은 도시 남쪽 즐라티스테 산의 중턱에서 물을 끌어와 사용했다. 그런데 산에서 가져온 물에는 광물질이 많았다. 특히 하면발효 방식의 라거맥주를 양조하려면 광물질이 적게 함유된 단물이 필요했을 것이다.

러시아-투르크전쟁*이 끝나고 1878년에 열린 베를린 회의는 보스니아를 오스트리아-헝가리제국에 양도했다. 공식적으로는 여전히 오스만제국의 영토였지만, 이제 보스니아는 오스트리아-헝가리

---

* 17~19세기까지 러시아의 동방 정책으로 러시아와 터키 사이에 일어난 여섯 차례의 전쟁.

제국의 지배를 받게 되었다. 지배자가 바뀌면서 보스니아 양조산업에도 봄이 찾아왔다. 사람들이 제국의 정 반대편 보헤미아의 플젠까지 양조 기술을 배우러 갈 정도였다. 그곳에 있는 양조장 뷔르게를리헤스 브라우하우스Bürgerliches Brauhaus*에서 보스니아 사람들은 물의 종류에 따라 성질이 어떻게 달라지는지 배웠고, 보헤미아에서 사용하는 방식을 본받아 땅을 파서 단물을 찾기로 했다. 그리고 마침내 도심 남쪽 끝 미야츠카강 너머에서 적당한 장소를 찾아냈다. 땅속 깊은 곳에서 넉넉한 지하수를 발견한 것이다. 1898년 프라네바치카 15번지에 새 양조장이 문을 열었다. 그곳에서 생산하는 맥주의 뛰어난 품질은 멀리 빈까지 알려져 황제의 궁에서도 사랑받았다.

  20세기를 지나며 5만여 명에 불과하던 사라예보 인구는 50만 명에 육박할 정도로 급증했다. 유고슬라비아**에서 마지막으로 시행한 인구조사 결과에 따르면 주민의 절반이 보스니아계였고, 세르비아계는 30퍼센트였다. 또 크로아티아계는 약 6퍼센트였으며, 10퍼센트 정도의 주민은 자신의 국가 정체성을 '유고슬라비아'라고 답했다. 보스니아-헤르체고비나 전체 인구의 경우 보스니아계가 44퍼센트로 가장 다수였고, 그다음이 세르비아계로 31퍼센트였다.

---

* 오늘날의 필스너 우르켈. 체코어로는 플젠스키 프라즈드로이.

** 1918년에 통일 국가가 세워졌고 1945년에 사회주의 연방공화국이 수립되었다. 1991년에 슬로베니아·크로아티아·마케도니아가, 1992년에 보스니아 헤르체고비나가 독립을 선언하자 남아 있던 두 공화국인 세르비아와 몬테네그로가 연대해 새로운 유고슬라비아 연방공화국을 결성했다. 그러나 2006년에 이들도 각각 분리 독립했다.

1989~1990년 동유럽 공산주의가 붕괴하면서 다민족, 다종교 국가이던 유고슬라비아도 갈가리 찢겼다. 슬로베니아와 크로아티아를 휩쓴 민족주의의 쓰나미는 결국 보스니아에까지 당도했다. 보스니아는 전통적으로 다양한 민족, 종교, 정체성이 한데 어우러진 고장이었다. 보스니아계와 크로아티아계 주민들은 다문화 독립국을 원했으나 세르비아계 주민 다수는 여전히 세르비아의 지배를 받는 유고슬라비아, 즉 대★세르비아에 합류하자고 주장했다. 결국 1992년 2월 보스니아 정부와 세르비아군의 전투가 시작되었다. 대부분이 자기 민족 편을 들었지만, 보스니아군에는 보스니아계와 크로아티아계, 유고슬라비아인은 물론이고 보스니아 정부에 충성하는 일부 세르비아계 주민까지 합류했다.

4월이 되자 전쟁의 여파가 사라예보까지 미쳐 세르비아군이 도시를 포위했다. 수도에 주둔하던 보스니아 정부군이 수적으로 월등히 우세해서 세르비아군은 직접 공격하는 대신 도시를 포위한 상태로 산에서 폭격을 가하는 작전을 택했다. 세 방향에서 유탄이 날아들었다. 그래도 도시가 항복하지 않자 세르비아군은 전기와 수도를 끊어버렸다.

그때까지 사라예보는 주로 동쪽의 산에서 펌프를 이용해 물을 끌어왔는데, 전쟁이 발발하자 모든 수원이 세르비아군의 점령 지역으로 들어가버렸다. 사라예보시를 관통하는 미야츠카강에서 물을 길어다 먹을 수는 있었지만, 탁 트인 강변에서 물을 긷자면 세르비아 저격수의 손쉬운 먹잇감이 되었다. 게다가 수질도 의심스러웠다. 세

포위 기간, 사라예보에 생명수를 공급한 사라예브스카 양조장.

르비아군이 강 상류에 독을 풀었다는 소문이 돌았다. 마당이나 지붕에 통을 놓고 빗물을 받아보기도 했지만, 큰 도움은 되지 않았다. 그런 상황에서 여름이 다가왔다. 보스니아 내륙은 7, 8월에 비가 거의 내리지 않는다.

몇몇 개인 집에 파놓은 우물만으로는 물을 공급하기에 턱도 없던 그때, 사라예브스카 양조장의 깊은 우물이 1년 6개월 동안 이 도시의 생명수가 되어주었다. 다행히 수량도 넉넉했다. 양조장은 지난 수십 년 동안 영업을 하느라 부지에 여러 개의 새 우물을 팠는데, 그중 몇 개는 깊이가 300미터에 달했다. 1991년 사라예브스카 양조장의 연간 맥주 생산량은 7천480만 리터였다. 포위된 사라예보 시민에게 나누어줄 경우 1인당 200리터가 넘는 양이었다.

전쟁의 상흔을 씻은 오늘날의 사라예보. 미야츠카강이 여전히 도시를 가로질러 흐른다.

양조장 안에 공식적인 물 배급소가 설치되었다. 다른 구역으로는 급수차가 오갔다. 급수차의 수도꼭지 앞에 늘어선 긴 줄은 포위당한 사라예보시의 진풍경이 되었다. 주민들이 직접 나서 우물을 파기도 했지만, 기계를 돌릴 연료가 부족해 수작업이 될 수밖에 없었고, 그런 탓에 우물의 깊이가 너무 얕아서 물 수급에 큰 도움이 되지는 못했다. 그나마 양조장에는 물이 끊이지 않았다. 심지어 포위 기간 3년 내내 쉬지 않고 맥주도 만들었다. 생산량은 많지 않았으나 제일 중요한 것은 사기진작 효과였다. 주민들은 자신과 세상을 향해 군사적 무력에도 항복하지 않고 잘 살고 있음을 과시하고 싶었다. 물과 함께 생필품과 의약품을 날라다준 UN의 보급기 역시 주민의 생존에 지대한 도움을 주었다.

1994년 1월 미국 구호 활동가 프레드 커니의 지휘 아래 정수 시설이 설치되자 미야츠카 강물을 식수로 사용할 수 있게 되었다. 그러나 정수 시설이 제 기능을 완벽하게 다할 수 있기까지는 6개월이 걸렸다. 정수된 물은 상수 시설에 저장했다가 다시 각 가정의 수도꼭지로 흘려보냈다. 수돗물이 끊긴 지 2년 만이었다. 사라예브스카 양조장의 우물은 맡은 바 임무를 마치고 다시 맥주 원료라는 본연의 목적으로 돌아갔다.

폭격으로 도시는 폐허가 되었고 1만 7천600명이 목숨을 잃었지만, 사라예보는 끝까지 항복하지 않았다. 1995년 10월 휴전협정으로 전투는 끝났고 보스니아 정부는 1996년 2월에 포위가 해제되었다고 공식 발표했다. 무려 3년 하고도 10개월 만이었다.

사라예브스코 피보

Sarajevsko Pivo 사라예보(보스니아-헤르체고비나)

유형	라거
알코올 함량	4.9%
비중	11.2°P
쓴맛	20 EBU
색상	7.3 EBC

1914년 6월 말, 세르비아 민족주의자 청년 가브릴로 프린치프
Princip, Gavrilo: 1894~1918가 프란츠 페르디난트Ferdinand, Franz:
1863~1914 대공을 암살했다. 사라예브스카 양조장에서 불과 두
블록 떨어진 식당 모리츠 실러Moritz Schiller 앞이었다. 이 사건
으로 1차 세계대전이 일어났고, 사라예브스카 양조장의 역사
에서도 한 시대가 막을 내렸다. 전쟁 전까지만 해도 사라예브
스카 양조장은 오스트리아-헝가리제국에서 가장 큰 양조장 가
운데 한 곳이었다. 그러나 나라가 유고슬라비아로 바뀌면서 맥
주 수요가 급감했다. 생산량이 다시 1910년대의 수준연간 1천
500만 리터을 회복한 것은 1965년에 들어서였다.
보스니아 분쟁1992~1995으로 사라예브스카 양조장은 약 2천
만 달러의 손해를 보았다. 그 후 1996~2009년까지 양조장은
생산 설비 전체를 바꾸었다. 현재 양조장의 연간 생산량은 맥
주가 8천만 리터, 청량음료와 광천수가 1억 1천만 리터다.
'사라예브스코 피보'는 홉이 적게 들어간 신선한 라거맥주로,
노란색을 띤다. 첨가 물질 없이 자연 원료물, 보리 맥아, 홉, 효모만
으로 만든다. 이 맥주는 2011년 브뤼셀에서 열린 몽드셀렉션
Monde Selection에서 금메달을 수상했다.

브라이언 카우언은 총리 시절에도 유권자들과 어울려 기네스 한두 잔을 마시는 소탈한
정치인으로 유명했다. 사진: 제임스 플린

23
켈트 호랑이의
비상착륙

·········

+26퍼센트, +19퍼센트, +28퍼센트. 2004~2006년까지 아일랜드 증시 지수 ISEQ는 눈부신 성장률을 기록했다. 다른 경제지표들도 한결같이 장밋빛이었다. 아일랜드 국내총생산GDP은 2000~2006년 사이에 두 배로 뛰었다. 유럽연합에 새로 가입한 동유럽에서 노동 인력이 밀려 들어왔는데도 실업률이 5퍼센트를 밑돌았다. 아일랜드는 순항했다. 재무장관 브라이언 카우언Cowen, Brian: 1960~ 역시 순항했다.

카우언은 불과 스물네 살이던 1984년 아일랜드의 하원의원으로 당선되었다. 가족은 중부 아일랜드 털러모어에서 펍을 운영했다. 카우언은 자주 펍에 들러 맥주를 마시고 노래도 부르는 사교적이고 쾌활한 보통 남자의 이미지로 유권자들에게 다가갔다. 중도우파 정당인 아일랜드 공화당에서 실세로 부상한 그는 1992년 서른두 살 나이에 장관이 되었다.

1990년대 초 아일랜드는 서유럽 최빈국 중 하나였다. 1992년의

1인당 GDP는 에스파냐보다 적었고 독일의 60퍼센트, 프랑스의 65퍼센트 수준에 머물렀다. 1973년 유럽공동체지금의 유럽연합에 가입했지만, 세계 경제에서 차지하는 역할은 영국의 노동 인력 창고에 그쳤다. 사람들은 돈을 벌기 위해 영국이나 미국으로 떠났고, 돌아오지 않는 사람도 많았다. 2008년의 집계 결과를 보면 미국 국민 중 3천 600만 명이 아일랜드 출신이었다.

그러나 1990년대에 접어들면서 아일랜드의 경제 및 고용 상황이 변했다. 1990년대 초에 시행한 경제개혁의 주축에는 브라이언 카우언도 끼어 있었다. 그는 1992년 노동·에너지·경제·통신부 장관으로 임명되어 1994년까지 재임했다. 경제개혁의 시작은 기업의 수익을 과세 대상으로 삼는 법인세인하였다. 이에 따라 법인세가 약 10퍼센트 인하되었다. 금융 시장 규제도 철폐했다. 새로운 기업 지원금, 특히 기술 경영과 제품 개발을 위한 지원금도 도입했다. 아일랜드는 교육제도와 기간시설에 투자하는 유럽연합 지원금을 받았고, 연령 구조도 유럽연합 국가 중 가장 젊었다. 즉, 급속 성장의 조건이 갖추어져 있었던 것이다. 수많은 대기업이 유럽 활동의 본거지를 아일랜드로 옮겼다. 경제는 번영했고 몇백 년 만에 처음으로 외국 노동 인력이 아일랜드로 들어왔다. 이민을 떠났던 자국민도 고향으로 돌아왔다.

1995~2000년까지 5년간 아일랜드 GDP는 해마다 거의 10퍼센트씩 성장해 1999년에는 1인당 GDP가 영국을 앞질렀다. 급속한 성장은 끝이 보이지 않았다. 경제 기적을 이룬 아일랜드는 '켈트의 호랑

이'라고 불렀다. 1960년대 경제 기적을 이룬 '아시아 호랑이' 한국, 대만, 홍콩, 싱가포르를 빗댄 별명이었다. 새천년의 전환기에 세계 경제가 잠시 침체를 겪었지만, 아일랜드는 나머지 유럽 국가에 비해 눈에 띄는 속도로 성장세를 회복했다.

브라이언 카우언은 1997~2004년까지 보건 및 외교부 장관을 지냈다. 2004년 9월에는 재무장관이 되었다. 복지의 기반이 갖추어져 분배를 고민하던 호시절이었다. HP, 애플, 델과 같은 컴퓨터 관련 거대 기업들이 유럽 본부를 아일랜드에 두었다. 컴퓨터 프로세서 제조업체 인텔과 검색 엔진 구글은 아일랜드에 수억 달러를 투자할 계획을 세웠다. 세수가 늘었고 예산은 누가 봐도 흑자였다. 재무장관의 제일 힘든 업무는 오늘은 또 어느 사무실의 개업식에 참석할 것인가를 결정하는 일이었다. 개업식에서는 국제관례에 따라 샴페인으로 건배했지만, 뒤풀이는 아일랜드식으로 인근 펍에서 맥주잔을 부딪쳤다.

2004년 12월 카우언은 취임 후 첫 예산안을 발표했다. 2005년에 예산으로 잡은 정부 지출은 37억 유로로, 전년보다 9퍼센트 늘었다. 그중 30억 유로는 신규 국채로 조달할 예정이었으나 걱정할 필요는 없었다. 지금껏 모든 투자가 이익을 거두었고 현재 상황도 나쁘지 않았던 것이다. 아일랜드는 온 나라가 아메리칸 드림을 이루었다. 자본주의의 성공담은 나라 전체를 가난의 늪에서 끌어냈다. 2005년 6월에 《이코노미스트The Economist》지가 아일랜드 부동산 거품의 위험을 경고했지만 1997~2005년까지 부동산 가격지수가 세 배 가까이 뛰었다. 정부는 성

카우언은 한밤중까지 나라 경제를 의논할 때, 기네스 맥주로 에너지를 채우곤했다.

장의 고삐를 늦추려하지 않았다.

카우언 재무장관은 전략적 결정을 준비할 때마다 아일랜드 하원 식당을 찾았다. 여러 증인의 말을 들어보면, 점심때 만나면 술을 곁들이며 즐거운 환담을 주고받았고, 저녁에 만나면 식당 문을 닫을 때까지 자리를 파하지 않았다고 한다. 카우언의 최측근들은 한밤중까지 나라 경제를 고민했고, 그러다 지쳐서 눈앞에 예산 숫자가 둥둥 떠다니면 분위기를 바꾸기 위해 즐거운 노래를 불렀다. 그러나 기네스Guinness 맥주로 흥을 돋운 이런 경제 세미나에 세금은 최소한 직접적으로는 한푼도 들어가지 않았다. 참석자들이 돌아가면서 한턱냈기 때문이다.

특히 아일랜드 공화당의 경제 분과가 수요일 저녁마다 모여 경제 정책 노선의 큰 틀을 열심히 구상했다. 수요일에 모인 이유는 전통적으로 목요일에는 하원이 개최되지 않았기 때문이다. 그렇게 모여 앞날을 고민하고 숫자와 씨름하면서 한 잔, 두 잔 들이켜다보면 그다음 날 아침 눈을 뜰 때 머리가 깨지거나 구역질이 나는 것이 당연했을 법하다.

그런데도 양조장의 회계 장부에는 국가 경제의 급성장이 반영되지 못했다. 오히려 21세기 초반 아일랜드의 맥주 소비는 살짝 감소세를 보였다. 이런 변화 추세는 특히 펍에서 여실히 느낄 수 있었다. 2000~2007년 사이에 생맥주 판매량이 거의 3분의 1 정도 줄었다. 병맥주 판매량은 약간 늘었으나 추세를 바꿀 정도는 아니었다. 돈이 많아지면서 아일랜드인의 술 기호 역시 유럽 대륙을 쫓아가서 포도주와 사과주 매출이 급상승한 것이다.

재무장관 카우언은 유행을 좇는 부류가 아니었다. 성공한 젊은 기업인들은 현대식 술집을 즐겨 찾아가 비싼 술을 마시고는 했지만, 카우언은 달랐다. 그는 동네 펍에서 보통 사람들처럼 기네스 맥주를 마셨다. 천박한 장관이라는 조롱도 받았으나 여론은 확실히 그의 편인 듯했다. 그 사실은 카우언의 정치적 성공으로도 입증된다. 2007년 봄에 치른 총선에서 카우언은 자신의 선거구에서 압도적 차이로 당선되었다. 공화당은 제1 당이자 집권 여당이 되었다. 카우언이 전년도 말에 제출한 예산안은 국민의 동의를 얻었다. 사회복지 확대와 생애 첫 주택 구매자 조세감면을 골자로 하는 예산안이었다.

그러나 해가 바뀌자 브라이언 카우언의 인생과 아일랜드의 경제는 예상을 벗어났다. 2008년 4월 버티 어헌Ahern, Bertie: 1951~이 총리 자리를 내려놓고 은퇴했다. 당의 부대표이자 부총리 겸 재무장관이었던 카우언이 차기 총리로 내정되어 있었다. 그러나 이 시기에 이미 아일랜드 경제는 약점을 드러내기 시작했고, 새 총리가 환하게 웃으며 스포트라이트를 받지는 못하리라는 조짐이 사방에서 나타나기 시작했다. 그래도 카우언은 총리 업무를 시작했다. 예전과 마찬가지로 측근들과 모여 앉아 에너지 공급 음료를 마시며 괜히 맥주를 '액체 빵'이라고 부르는 것이 아니다. 경제 상황에 관해 토론했다. 그러나 신임 재무장관 브라이언 레니헌Lenihan, Brian: 1959~은 그 자리에 참석하지 않았다.

2008년 여름이 되자 아일랜드 정부도 경제적 문제들을 인정하지 않을 수 없게 되었다. 그해 9월 투자은행 리먼브러더스가 파산하면서 세계 경제 위기가 터지자 아일랜드 역시 국가 경제가 몰락할지도 모른다는 위기감을 느꼈다. 신속하고 단호한 대처 방안이 필요했다. 그러나 아일랜드라는 이름의 배를 모는 키잡이는 두 사람이었다. 공식적으로는 재무장관 레니헌이 아일랜드를 위기에서 구할 총책임자였지만, 배후에서는 카우언 총리가 나름의 항로를 계산했다. 10월에 제출된 예산안은 국가 재정을 안정시키기 위한 야심 찬 시도였으나 예정했던 지출 삭감안의 상당수가 실행되지 못했다. 노조와 대학생, 연금 수급자들의 항의 시위가 잇달았고, 무엇보다 총리와 재무 장관의 엇박자가 재정 개혁을 관철하는 데 걸림돌이 되었던 것이다.

2008년 한 해 동안 아일랜드 증시의 주식지수는 66퍼센트 떨어졌고 실업률은 두 배로 증가해 12퍼센트로 뛰었으며 부동산 가격은 20퍼센트 가까이 떨어졌다. 은행들도 어려움을 겪었다. 성장 기간의 오랜 음주에 뒤이은 2년간의 절주는 심한 숙취를 몰고왔다. 다국적 기업들이 좀 더 안정적인 국가로 본거지를 옮기자 노동 인력도 썰물처럼 빠져나갔고, 주거 지역이 텅텅 비었다. 브라이언 카우언과 공화당의 인기도 무너졌다. 2009년 1월의 여론조사에서는 카우언 정부가 일을 잘했다고 응답한 국민이 열 명 중 한 명에 불과했다.

카우언이 총리 자리에 올랐던 2008년 4월만 해도 아일랜드 유력 일간지 〈아이리시 인디펜던트The Irish Independent〉지는 "가끔은 괜찮은 녀석이 최고가 되기도 한다"는 제목의 긴 인터뷰 기사로 카우언에 호감을 표했다. 카우언이 출세에 목을 매거나 자아도취에 빠졌거나 반칙도 예사로 쓰는 여느 정치인과 달리 외향적이고 개방적이고 대화를 즐기는 드문 정치인이라고 말이다. 그 인터뷰에서 카우언은 술집 웨이터로 일했던 젊은 시절을 떠올리며 그 시절이 대학보다 더 많은 것을 가르쳐주었노라고 회상했다. 그 시절부터 자신은 펍의 분위기를 매우 소중하게 여긴다고 말이다. "남들은 일단 집에서 한잔한 후에 술집으로 간다지만, 저는 정반대 스타일입니다. 술은 항상 펍에서 마시지요. 회의 마치고 퇴근하는 길에도 아무 펍이나 들러 몇 잔 마신답니다." 그 기사는 카우언이 새 직책을 맡더라도 '한잔하는 즐거움과 맡은 바 임무'를 균형 있게 조화시키기를 기원하며 이런 인사로 끝을 맺었다. "총리님, 건배!"

그러나 경제 위기가 심화되자 여론도 나쁜 쪽으로 기울었다. 그동안 호평 일색이던 그의 '쾌활한 성품'은 '무지'로 해석되었다. '사교적인 성격'은 '게으름'으로 바뀌었다. 그래도 그때까지는 카우언의 사생활까지 언론의 도마 위에 오르지는 않았다. 총리의 음주가 1면 기삿거리가 된 때는 경제 위기가 최악의 단계는 넘긴 2010년 9월이었다. 아일랜드 공영라디오 방송국 RTE의 아침 프로그램에 출연한 카우언이 쉰 목소리로 두서없는 말을 늘어놓은 것이다. 그러자 카우언이 취했거나 숙취에서 깨지 않은 상태로 방송에 임했다는 이야기가 불거져 나왔다. 카우언은 공식적으로 반박했지만, 이미 코르크 마개는 열린 뒤였다. 총리가 술을 좋아한다는 사실이 이제 더 이상 용납되지 않게 된 것이다.

2010년 아일랜드는 의문의 세계기록을 달성했다. 국가 재정 적자가 국내총생산의 32퍼센트에 달한 것이다. 마스트리흐트조약에서 유럽연합이 정한 위기 한계선이 3퍼센트이고, 유럽연합 국가 중 경제위기의 타격을 가장 심하게 맞았던 그리스의 경우도 최고 적자 수준이 15퍼센트였던 것을 고려한다면 실로 엄청난 규모가 아닐 수 없었다. 그러나 2010년의 아일랜드의 경우 적자는 은행 구제금융의 일환인 1회성 지출 항목이었다. 은행 시스템이 안정되고 유럽연합과 국제통화기금IMF의 지원이 시작되자 새로운 도약의 발판이 마련되었다. 심지어 미국의《뉴스위크Newsweek》지는 위기를 가장 잘 극복한 세계 10대 정치인에 카우언을 포함하기도 했다.

그러나 이런 개별적인 칭찬이 추락을 막지는 못했다. 2011년 초, 인기가 떨어진 카우언은 당 대표와 총리직을 사임한다고 발표했다. 그의 발표가 나온 후 〈아이리시 인디펜던트〉 지는 카우언의 재임 기간을 '국가 역사상 최악의 총리'라는 말로 요약했다. 3년 전과 비교하면 180도 달라진 분위기였다. Sic transit gloria mundi! 세상의 영광은 이렇듯 사라지나니!

2011년 11월 카우언은 다시 한 번 진흙탕 싸움의 타깃이 되었다. 두 기자 브루스 아널드와 제이슨 오툴이 쓴《파티의 끝The End of the Party》* 때문이었다. 두 기자가 지난날 카우언과 공화당이 술독에 빠진 채 경제 정책을 의논하고 결정한 과정을 도마에 올린 것이다. 그동안의 저녁 모임에 관한 세세한 사정이 공개되었다. 특히 문제가 되었던 그

---

* Party는 '정당'과 '파티'라는 두 가지 뜻이 있다. 따라서 당의 종말과 파티의 끝, 두 가지로 해석할 수 있다.

2010년 9월의 라디오 방송이 있기 전날에도 카우언과 측근들이 술집에서 술값으로 3천600유로를 썼다는 사실이 만천하에 알려졌다.

물론 엄밀히 따지면 아일랜드 경제위기의 책임을 카우언한테만 돌려서는 안 될 것이고, 그의 음주 습관만 비판해서도 안 될 일이다. 금융 거품은 1990년대에 내린 정책 결정의 결과였으며 결국 따지고 보면 수천, 아니 수십만 명의 탐욕이 낳은 결과였다. 1637년에 튤립 광풍에 휩쓸렸던 네덜란드 사람들도, 1920년대 월스트리트의 증권 거래인들도, 1980년대 핀란드의 여피족˙도, 21세기 초 에스파냐의 부동산 투기꾼들도 모두 화려한 인생을 꿈꾼 탐욕이 낳은 결과였다. 술에 취했든 말짱한 정신이었든 사람들은 예전에도 비슷한 모험을 감행했다. 카우언은 자기 정당의 자유경제 정책을 철저하게 실행에 옮겼고, 덕분에 아일랜드 경제는 실제로 비약적인 성장을 맛보았다. 다만 이제 와서 돌아보면 늦어도 2004년에는 제동을 걸었어야했다는 점이 안타까울 뿐이다.

술 소비나 그로 인한 문제로 국가 수장을 평가한다면 사실 브라이언 카우언은 1부 리그에 들지도 못한다. 러시아 대통령 보리스 옐친의 임기 말년은 알코올 중독으로 그림자가 드리웠고, 터키의 초대 대통령 무스타파 케말 아타튀르크는 폭음을 일삼으면서도 터키를 근대 국가로 발전시켰다. 윈스턴 처칠의 경우, 오히려 그의 위스키 사

더블린에 있는 기네스 양조장. 양조장 안에 기네스 맥주의 모든 것을 보여주는 스토어하우스가 있어서
아일랜드를 여행하는 많은 관광객이 이곳을 찾는다.

기네스 스토어하우스에서 기네스 맥주를 시음해볼 수 있다.

랑이 전능한 초인의 이미지를 확고히 다지는 데 이바지했다. 승자에게는 누구나 쉽게 승리의 'V' 사인을 보낼 수 있고, 패자에게는 누구나 쉽게 낙인을 찍을 수 있다. 켈트의 호랑이가 이룩한 경제 기적이 비상착륙으로 끝나지 않고 정상적으로 안전하게 활주로에 착륙했더라면 브라이언 카우언이 들이켠 맥주잔도 재미난 일화 정도로 역사에 기록되었을 것이다.

기네스 드래프트

Guinness Draught   더블린(아일랜드)

유형	스타우트
알코올 함량	4.2%
비중	9.6°P
쓴맛	22 EBU
색상	108 EBC

아서 기네스Guinness, Arthur: 1725~1803는 뛰어난 혜안을 발휘해
성 제임스 게이트 양조장St. James Gate Brewery을 9천 년 동안 임
차하기로 더블린시와 계약을 맺었다. 그리고 1778년 상면발
효 다크 맥주를 생산하기 시작했다. 오늘날 우리가 마시는 기
네스 스타우트는 1820년에 처음으로 생산된 제품이다.

기네스 제국은 1845~1852년까지 일어난 아일랜드 대기근과
1916년 아일랜드인들이 영국에 대항해 일으킨 더블린 부활절
봉기, 1919~1921년까지의 피비린내 나는 아일랜드 독립전
쟁을 거치면서도 무사히 살아남았다. 심지어 경제위기도 기업
의 기반을 흔들지 못했다. 2001년 2억 리터이던 기네스의 국
내 연간 판매량이 2011년에는 1억 2천만 리터로 떨어졌지만,
국제 수요는 늘 안정적이었다. 특히 아프리카 시장의 성장세가
빨라서 심지어 국내 소비를 제치고 1위 자리에 올랐다. 현재 기
네스 소비량이 가장 많은 나라는 나이지리아다.

기네스는 드라이 스타우트 맥주의 모델로 자리 잡았다. 맛은
강하고 드라이하며 홉 맛이 많이 난다. 특유의 맛을 내는 비결
은 싹을 틔우지 않고 로스팅한 보리다. 또 생맥주에도 캔맥주
에도 질소통이 들어 있어서 마개를 따면 기포가 발생한다. 덕
분에 '기네스 드래프트' 특유의 풍부하고 고운 거품이 생긴다.

양조장 주인 존 하울딩이 설립한 리버풀 FC가 칼스버그의 로고가 들어간 유니폼을 입고 하이네켄이
후원하는 2005년 UEFA 챔피언스리그에서 우승했다. 맥주와 축구가 이루어낸 최고의 시너지 효과라 할
만하다.

24
FC 하이네켄 vs
AB 인베브 유나이티드

....

버밍엄 출신 헨리 미첼Mitchell, Henry은 자신의 이름을 딴 헨리 미첼스 올드 크라운 양조장을 운영하던 중 1886년에 회사 직원들을 뽑아 축구팀을 만들었다. 준 프로급 실력이던 이 '미첼 세인트 조지 축구 클럽'은 얼마 안 가 일개 회사 축구팀에서 시대의 최강팀으로 떠올랐다. 1889년에는 스포츠 잡지《애슬레틱 뉴Athletic New》의 표현대로 "주머니가 두둑한 열정적인 회장" 덕분에 FA컵* 4강에 올랐다.

오늘날에도 많은 맥주회사의 수익금이 축구계로 흘러들고 있다. 투자 액수는 물론이고 대중에게 미치는 파급력도 헨리 미첼의 시대와는 비교할 수 없을 정도로 커졌다. 2013년 가을, 유럽축구연맹 UEFA과 하이네켄 그룹은 하이네켄의 UEFA 챔피언스리그 주요 후원

---

* Football Association Cup. 축구협회 주최로 프로 팀과 아마추어 팀이 모두 참여해 토너먼트 방식으로 우승 팀을 가리는 축구대회.

사 자격을 2015~2018년까지 3년 연장하는 데 합의했다. 이 계약으로 UEFA는 연간 약 5천~5천500만 유로를 받게 되었으며, 그 대가로 연간 40억 명 이상의 축구팬이 텔레비전과 인터넷으로 하이네켄의 엠블럼을 보게 되었다.

주류 기업과 축구의 긴밀한 공생 관계는 축구 경기의 역사와 더불어 시작되었다. 영국 리그는 1888년에 출범했는데, 불과 몇십 년 만에 대부분의 팀이 주류 기업의 후원을 받았다. 경제적 지원의 대가로 기업들은 관중에게 맥주를 판매하고 경기장에서 자사 제품을 광고할 수 있는 권리를 얻었다.

맥주 재벌이 창단한 축구팀도 미첼 세인트 조지 FC 하나만 있는 것이 아니다. 이 같은 축구팀 가운데 가장 성공을 거둔 팀은 1892년에 존 하울딩Houlding, John: 1833~1902이 창단한 리버풀 FC로 지금까지 마스터리그에서 열여덟 번 우승했고, 챔피언스리그에서도 다섯 번이나 우승컵을 거머쥐었다.

주류 기업의 특별한 축구 사랑은 예나 지금이나 같은 이유 때문이다. 마케팅 전문가들은 이를 두고 '시너지 효과'라고 부른다. 축구와 맥주는 둘 다 폭넓은 대중을 타깃으로 삼으며, 특히 18~35세 남성이라는 핵심 공략층이 일치한다. 전통적으로 맥주는 스포츠팬이 사랑한 술이었다. 물론 예전에는 경기장에서만 마셨지만, 20세기 중반에 들어서는 주로 거실 소파에서 마신다는 점이 다르지만 말이다.

그러나 축구팀과 계약을 맺는 주류 기업들은 단순히 경기장에서의 맥주 판매권만 계산에 넣은 것이 아니라 더욱 폭넓은 협력 관계를

리버풀 FC의 스티븐 제라드 선수.
유니폼에 칼스버그 로고가 찍혀
있다. ⓒNigel Wilson(Flickr)

그려나갔다. '축구'라는 말을 들으면 누구에게나 자연스럽게 떠오르
는 이미지가 있다. 용맹, 열정, 성공의 이미지다. 주류 기업들은 바로
이런 이미지를 자사 맥주 브랜드에 그대로 옮겨오고 싶었다. 더불어
팀을 지지하는 팬들의 충성심도 따라올 것으로 기대했다.

　이렇듯 주류 기업은 축구팀을 지원함으로써 브랜드의 입지를 다
지고 제품에 대한 충성도와 인지도를 키우는 등 여러 가지 효과를 노
렸지만, 결국 따지고 보면 목표는 단 한 가지다. 최대한 많은 맥주를

팔 것! 축구팀 후원 계약의 액수는 보통 비밀에 부쳐지기 때문에 얼마나 많은 돈이 축구팀으로 흘러 들어가는지 정확히 알 수는 없다. 어쨌든 유럽의 경우 연간 후원금이 수억 유로에 달한다.

축구팀을 후원한다는 가장 확실한 증거는 선수 유니폼에 찍힌 로고다. 예를 들면 리버풀 FC 선수들의 유니폼에는 1992~2010년까지 거의 20년 동안 덴마크 칼스버그 그룹의 로고가 찍혀 있었다. 2010년 이후 로고는 사라졌지만, 그것이 협력의 종말을 의미하는 것은 아니었다. 그 긴 세월 동안 칼스버그가 리버풀 팬들의 의식에 너무나 뚜렷이 각인되었기에 기업 입장에서는 더 이상 유니폼 후원이 잉여 가치를 낳지 못할 것으로 판단한 것이다. 다른 방법으로도 충분히 팬들의 관심을 얻을 수 있을 테니 말이다. 현재 칼스버그 라거는 리버풀 FC의 '공식 맥주'다. 협력 관계의 장은 소셜 미디어로 이동해 칼스버그는 '리버풀 체험'의 일부로 흡수되었다. 고객을 붙잡아두려면 체험의 성격과 공동체 의식이 특히 중요하다. 단순히 시각적 노출을 최대화하는 방법은 이미 한물갔다.

2010년대에 접어들면서 유니폼 광고의 인기는 과거보다 시들해졌다. 유럽 5대 리그에서 유니폼에 맥주 회사의 로고를 새긴 팀은 영국 축구팀 에버턴이 유일하다. 2004년부터 태국 맥주 회사 창Chang이 에버턴 FC를 후원하고 있다.

그러나 주류 기업과 축구팀의 협력은 지금도 계속되고 있다. 독일의 경우 3대 리그의 모든 팀이 주류 기업의 후원을 받는다. 다만 후원 방법이 예전과 많이 달라져서 지금은 경기장 바깥에서의 협력 관계

에버턴 FC는 2004년부터 후원사가 된 태국 양조회사 '창'의 로고를 유니폼에 달았다.

가 많이 늘었다. 예를 들어 주류 기업 자체 광고에서 축구팀과의 협력 관계를 드러내는 식이다.

대기업은 특히 다양한 후원 방식을 모색한다. 요즘 최고로 잘나가는 방식은 자사 주력 상품을 한 팀과 묶지 않고, 아예 토너먼트나 리그 자체를 후원함으로써 특정 팀과 관계없이 모든 축구팬에게 자사 제품의 호감도를 높이는 방법이다. 그래서 하이네켄은 자사 라거맥주를 주력 상품으로 내세워 챔피언스리그를 후원하며, 칼스버그는 영국 프리미어리그와 2012년 및 2016년 유럽축구선수권대회EM를 후원했다. AB 인베브 그룹은 버드와이저Budweiser를 주력 홍보 상품으로 내세워 영국 FA컵과 월드컵을 지원한다.

주력 제품이 아닌 다른 제품도 각 제품이 가장 잘 어울릴 법한 지역을 찾아서 그곳의 국가대표 팀이나 리그 팀을 후원한다. 예를 들어 AB 인베브 그룹의 주필러Jupiler 맥주는 베네룩스Benelux* 3국 밖에서는 인지도가 거의 없지만, 벨기에와 네덜란드에서는 가장 유명한 축구 후원 상품 가운데 하나다. 벨기에 1부 리그의 공식 명칭이 '주필러 프로리그'일 정도다. 주필러는 벨기에 국가대표 팀의 주요 후원 제품이기도 하다. 주필러는 또 여러 리그 팀의 협력 파트너이기도 해서, 2013-14 시즌에는 네덜란드 팀인 아약스와 빌럼 II, 스파르타 로테르담 그리고 벨기에 팀인 안데를레흐트, 스탠더드 리에주, 클럽 브뤼헤를 후원했다. 지역이 바뀌면 주력 홍보 제품도 달라진다. 독일에서는 AB 인베브의 주력 제품이 하서뢰더Hasseröder다. AB 인베브는 이 제품으로 독일 리그 팀 베르더 브레멘과 하노버 96을 후원한다.

하이네켄 그룹 역시 같은 방식으로 각기 다른 제품을 앞세워 각국의 국가대표 팀과 리그 팀들을 후원한다. 바르카Warka는 폴란드 국가대표 팀, 암스텔Amstel은 맨체스터시티 FC의 주력 후원 상품이다. 심지어 유명한 포도 산지인 이탈리아 캄파니아주의 SSC 나폴리마저 비라 모레티Birra Moretti를 앞세운 하이네켄 사의 후원을 받는다.

최근 들어서는 홍보의 장이 문화와 여가 분야로 이동했다. 팬들은 경기장뿐 아니라 술집과 소셜 미디어에서도 경험을 공유한다. 운

---

* 벨기에, 네덜란드, 룩셈부르크를 아울러 이르는 말. 머리글자를 각각 따서 만든 이름으로, 1944년에 세 국가가 관세 동맹을 체결한 데서 유래했다.

이 좋으면 술집이나 인터넷에서 응모 이벤트에 참여해 맥주회사가 후원하는 경기의 관람권을 얻을 수도 있고, 거꾸로 경기 관람권으로 온·오프라인의 맥주 이벤트에 참여할 수도 있다. 특히 하이네켄이 2012년 챔피언스리그에서 진행한 광고 캠페인과 칼스버그와 리버풀의 오랜 협력 관계는 수많은 팔로워와 '좋아요'를 얻어냈다. 내부 정보에 따르면 매출액도 기대만큼 올랐다고 한다.

중소기업의 경우는 '소속감'을 더 크게 생각한다. 지역 팀을 후원한다고 해서 정확히 계산할 수 있는 경제적 이익을 노리는 것이 아니다. 그보다 더 중요한 것은 지역공동체의 일원이 되는 것이다. 한마디로 지역민과 함께하는 것이다. 유명하지 않은 팀을 후원해도 막대한 수의 소비자에게 자사 제품을 홍보할 수 있다. 예를 들어 독일과 영국 3부 리그 경기는 평균 시청자 수가 6천 명이 넘는다.

물론 축구팀을 후원하는 데 위험 부담이 전혀 없는 것은 아니다. 팀의 부정적 이미지가 후원 제품으로 옮아갈 수 있다. 기업들도 그 사실을 잘 알고 있으며, 후원할 때 그 점에 유념한다. 예를 들어 글래스고에서는 라이벌인 셀틱과 레인저스 팀이 같은 후원사 로고가 새겨진 셔츠를 입는 경우가 흔하다. 후원사가 도시 인구 절반에게 외면당할 수도 있는 위험을 이런 방식으로 미리 방지하는 것이다. 그래서 2003~2010년에는 두 팀 모두 가슴에 칼링Carling 맥주의 로고를 달았고, 2010~2013년에는 테넌트Tennent 맥주의 로고를 함께 달았다. 2013-14 시즌에는 아일랜드 사과주 제조 회사인 C&C가 두 팀을 후원했다. 다만 사과주 제품을 달리해서 셀틱은 매그너스Magners를, 레

하이네켄은 챔피언스리그 우승컵 모양으로 라벨을 디자인하기도 했다.

인저스는 블랙손Blackthorn을 각기 홍보했다.

최근에는 맥주 회사의 축구 후원이 윤리적으로 문제가 있다는 논란이 독일을 중심으로 일고 있다. 독일은 전통적으로 스칸디나비아 국가들보다 맥주에 훨씬 우호적인 나라지만, 많은 사람이 스포츠와 술을 똑같이 긍정적 이미지로 묶는 것이 타당하지 않다고 생각하게 된 것이다. 양조 기업들도 즉각 대응에 나섰다. 예를 들어 독일축구협회DFB의 주요 후원사인 비트부르거Bitburger 사는 국가대표 팀과 관련된 후원에서는 무알코올 맥주만 홍보한다.

2008년에 시행한 뉴질랜드의 연구 결과를 보면 스포츠 팀을 후원하는 것이 직접 광고와 같은 정도로 술 소비량을 늘린다고 한다. 또 주류 기업이 후원하는 팀의 팬은 알코올 질환에 걸릴 위험이 조금 더 높았다. 2012년에 발표한 네덜란드의 연구 결과에서는 술 광고와 주류 기업의 후원이 미성년자에게도 음주에 대한 관심을 높이는 것으로 나타났다. 광고의 타깃은 성인이지만, 그 광고가 미성년자에게도 영향을 미치는 것이다. 따라서 두 연구 모두 술 광고와 스포츠 팀 후원에 더욱 엄격한 규제가 필요하다는 결론을 내렸다. 그러나 이 연구 결과가 주류 기업의 후원 활동에 실질적인 영향력을 미치지는 못했다. 더구나 술을 식사문화의 자연스러운 일부로 생각하는 나라에서라면, 주류 기업의 후원이 국민 건강을 위협하는 최대의 위험인자는 아닐 것이다.

다만 후원사가 팀의 가치나 현행법을 어기는 조건을 내걸 경우에는 조금 더 윤리적인 문제를 고민할 필요가 있겠다. 유럽에서는 그런 경우가 거의 없었지만, 국제 축구 무대에서 한 가지 재미난 사례가 발견된다. 국제축구연맹FIFA은 오랫동안 AB 인베브 그룹과 협력 관계를 맺어왔다. 그런데 2014년 브라질 월드컵이 다가오면서 협력에 차질이 생겼다. 축구 경기장에서 술 판매와 소비를 금지하는 브라질의 법안 때문이었다. 지난 몇 년 동안 브라질에서 열린 모든 국제 대회나 리그 경기에서 맥주 판매가 금지되었던 것이다. 그러자 FIFA는 브라질에 압력을 가했고, 결국 2012년에 브라질은 손을 들었다. 특별법을 제정해 2013년 컨페더레이션컵Confederations Cup: 대륙 간 챔피언 결정전과 2014년 월드컵 대회에서는 맥주를, 더 정확히 말하면 버드와이저를 허용하기로 한 것이다.

물론 주류 기업의 후원 활동이 아름다운 결실을 보는 경우도 많다. 기업이 유소년 축구단과 축구장 유지 보수, 심판 양성 등을 지원하는 경우다. 나아가 맥주 회사들은 후원 활동을 할 때도 마케팅과 마찬가지로 중용의 미덕을 늘 유념한다.

하이네켄

Heineken 암스테르담(네덜란드)

유형	라거	
알코올 함량	5.0%	
비중	11.4°P	
쓴맛	18 EBU	●●
색상	7.3 EBC	●

헤라르트 아드리안 헤이네컨Heineken, Gerard Adriaan: 1841~1893
은 1864년에 호이베르흐De Hooijberg 양조장을 매입했
고, 4년 후에는 암스테르담에 새로운 생산 시설을 지었다.
1870~1871년 프랑스–독일전쟁이 터지자 네덜란드에서 바이
에른 맥주를 수입할 수 없게 되었다. 마침내 헤이네컨이 개발
한 바이에른 방식의 라거맥주로 시장을 주름잡을 기회가 온 것
이다. 헤이네컨은 노동자들이 마시는 기존 맥주와 차별화하기
위해 자신이 개발한 라거에 '신사의 맥주'라는 이미지를 입혔
고, 그 전략은 통했다. 1873년 양조장은 소유주의 이름을 따서
하이네켄으로 이름을 바꾸었고, 같은 해 하이네켄 맥주의 제조
방식도 규격화했다. 하이네켄 라거는 출시 10년 동안 수많은
국제 맥주 상을 받았다. 지금까지도 정통 제조법을 고수해 일
반적인 라거맥주보다 냉장 발효 시간이 길다.

하이네켄 라거는 밝은 노란색을 띠며 거품이 많다. 맛은 신선
하면서 과일 맛이 나고 중간 정도의 홉 맛도 난다.

현재 하이네켄은 세계 3위의 양조 기업이다. 대표 제품 '하이
네켄' 외에도 '암스텔', '솔Sol', '타이거Tiger' 등 유명한 제품을
생산하고 있다. 하이네켄 그룹은 1994년부터 UEFA 챔피언스
리그의 주요 후원사다.

역사를 빚은 유럽 맥주 이야기

그때, 맥주가 있었다

초판 1쇄	2017년 8월 14일
개정판 1쇄	2019년 8월 30일
개정판 2쇄	2021년 12월 15일

지은이	미카 리싸넨, 유하 타흐바나이넨
옮긴이	이상원, 장혜경
펴낸이	이혜경

펴낸곳	니케북스
출판등록	2014년 4월 7일 제300-2014-102호
주소	서울시 종로구 새문안로 92 광화문 오피시아 1717호
전화	(02) 735-9515
팩스	(02) 735-9518
전자우편	nikebooks@naver.com
블로그	nikebooks.co.kr
페이스북	www.facebook.com/nikebooks
인스타그램	www.instagram.com/nike_books

한국어판 출판권 ⓒ 니케북스, 2019

ISBN 979-11-89722-49-4 (03900)